MÖGLICHKEITEN

Gundi Feyrer, Walter Kohl, Irene Prugger
Andreas Renoldner, Vladimir Vertlib

MÖGLICHKEITEN

Erzählungen aus der Arbeitswelt

Mit einem Vorwort von Hans Haider

EDITION ATELIER

.KUNST
bundeskanzleramt

Umschlaggestaltung: Richard Kienzl

Satz: Wiener Zeitung Digitale Publikationen GmbH
Druck und Bindung: Strohal, Müllendorf
ISBN 3-85308-096-0

Inhalt

Hans Haider

Vorwort

Firmeneigentümer, Manager und Angestellte, das österreichische Wirtschaften und was daran vielleicht typisch ist, endlich die Auswirkungen des EU-Beitritts zum 1. Jänner 1995 wurden ins Blickfeld der Literatur in einer zeitlich begrenzten literarischen Arbeit „im Felde" gerückt. Fünf österreichische Wirtschaftsunternehmen beschäftigten ein halbes Jahr lang eine Autorin, einen Autor. Diese vorsichtige Annäherung von Literatur und Wirtschaft begann im Außenministerium. Der Titel des Projekts, und des nun vorliegenden Buchs, geht auf einen Gedanken Robert Musils zurück: „Wenn es Wirklichkeitssinn gibt, muss es auch Möglichkeitssinn geben".

Musil behauptete (oder wünschte sich) ein österreichisches Spezifikum - etwas typisch Österreichisches, das tiefer sitzt und wirkt als die aus den üblichen Selbstbetrachtungen und Klischeebildern bekannten National-Eigenschaften. Ein bedenkenswertes Ergebnis der literarischen Recherchen voraus: besondere Sachlichkeit, Schnelligkeit, technische und merkantile Phantasie wurden in der Berichterstattung als „eigentlich ganz untypisch für Österreich" empfunden.

„Möglichkeiten": Die Österreichische Gesellschaft für Literatur hat diesen Wettbewerb während der ersten EU-Präsidentschaft (zweites Halbjahr 1998) im Auftrag des Außenministeriums ausgeschrieben. Mit der hohen Zahl von 63 Bewerbungen bewies das Thema seine Attraktivität. Mitglieder der Jury waren Marianne Gruber, die Leiterin der Literaturgesellschaft, Gertrude Kothanek, Kulturbeamte im Außenministerium, Claus Raidl, Generaldirektor der Böhler-Uddeholm AG, sowie die Literaturkritiker Thomas Trenkler („Der Standard") und Hans Haider („Die Presse"). Ihre

Wahl fiel auf Gundi Feyer (Wien), Walter Kohl (Oberösterreich), Irene Prugger (Tirol), Andreas Renoldner (Oberösterreich) und Vladimir Vertlib (Salzburg - Wien). Der anfangs ebenfalls gemeldete Erich Hackl resignierte nach Kommunikationsschwierigkeiten mit „seiner“ Firma.

In der Auswahl dieser Firmen wurde, wegen des EU-Aspekts, Bedacht genommen auf grenzüberschreitende Tätigkeiten sowie auch auf unterschiedliche Eigentums- und Managementverhältnisse. Arbeitgeber der mit einem Werkvertrag in der Höhe eines mittleren Angestelltengehalts ausgestatteten Autorinnen und Autoren wurden die Bank für Arbeit und Wirtschaft AG (BAWAG) in Wien, die Böhler-Uddeholm AG (Wien - Kapfenberg), die Frequentis Nachrichtentechnik (Wien), Leiner/Kika (Familienbetrieb mit Zentrale in St. Pölten) sowie der Halbleiterkomponenten-Hersteller SEZ AG (Villach). Alle diese Partner expandierten inzwischen weiter erfolgreich – besonders auch in Ostmitteleuropa.

Zum Jubiläum „Zehn Jahre Österreich in der EU“ und vor der neuen, am 1. Jänner 2006 beginnenden EU-Präsidentschaft werden die literarischen Texte erstmals publiziert. In der Distanz von sieben Jahren kann nun ohne die Spannungen aktueller firmenpolitischer Entscheidungen auf Wesen und Erscheinung dieser Vorzeige-Betriebe zurück geschaut werden. Bereits am 14. Oktober 1999 wurden die Texte in einer Lesung in der Österreichischen für Literatur auszugsweise vorgestellt - mit voller Billigung der mit unterschiedlichen Methoden durchforschten Wirtschaftsunternehmen.

Wolfgang Schüssel, im Jahr 1998 Vizekanzler und Außenminister, hatte den Autorinnen und Autoren in seinem Einladungsschreiben die „Erkundung und Darstellung von Lebens- und Wirkungsfeldern im Bereich der österreichischen Wirtschaft durch den EU-Beitritt“ vorgeschlagen.

Das wäre selbst für routinierte Journalisten keine leicht zu erbringende Leistung, denn dieser Berufsstand nähert sich auch großen Firmen zumeist nur im Rhythmus der jährlichen Bilanzpressekonferenzen. Wirtschaftsjournalisten schleppen zudem eine Fülle von Einzelfakten (nicht selten ihnen gezielte zugespielte Irritationen) mit sich. Wie aber die auf Hochglanzpapier vorgestellten Firmen-Philosophien und die innerbetrieblichen Befindlichkeiten zusammendenken, zusammenschreiben zu einem über die Bilanzzahlen und Geschäftsberichte hinausweisenden realistischen Bild des *How it is*?

Die Suche danach ist nicht nur seit Siegfried Kracauers Essay „Die Angestellten" (1930) Beschreibungsziel der Soziologie. Ebenfalls schon in den Jahren der Weimarer Republik erschienen Bücher über Unternehmerpersönlichkeiten und Unternehmenskultur - freilich nicht über das tägliche Geschäft, sondern zu Aufsehen erregenden Fällen wie Bankrott, Betrug, anrüchige Rüstungsgeschäfte. Ein Pionier von hoher literarischer Qualität und exzellentem ökonomisch-theoretischem Wissen war Richard Lewinsohn-Morus (1894 - 1968), vor seiner Flucht aus Deutschland nach Brasilien Wirtschaftsredakteur in Carl von Ossietzkys „Weltbühne". Die aus der antiautoritären Bewegung von 1968 erwachsene Kapitalismus-Kritik setzte auf Undercover-Recherche und sich selbst heroisierende „Aufdeckung"; ihr Vormann ist schon beinahe vergessen: Günter Wallraff. Viel subtilere Sachverhalte förderte die von Max von der Grün patronisierte „Literatur der Arbeitswelt" zutage, sobald etwa Lehrlinge außerhalb einer parteilichen Lenkung vom Leben *wie es ist* erzählten (Man vergleiche die Arbeitsleidberichte von Stephan Eibel Erzberg aus der damals staatseigenen VOEST mit der pathetisierten Darstellung der Stahlkocherei durch Peter Turrini in dessen Drama „Die Minderleister", 1987).

Die für ein halbes Jahr mit ihren Firmen mitlebenden und mitarbeitenden Autorinnen und Autoren blieben nach dem Schema des Arbeitsrechts „Selbständige". Hier prallte also die denkbar kleinste Unternehmensgröße mit Bilanzriesen zusammen – und fand der Kleinunternehmer Gelegenheit zum Gedankenaustausch mit dem Großunternehmer. Klassische empirische Methoden wurden bemüht – etwa die Mitarbeiter-Befragung. Die Erkundungsfrüchte wurden in verschiedene Erzählmuster und Schreibformen eingebaut. Die literarischen Ergebnisse einzeln zu kommentieren, würde ihnen die einzigartige Unmittelbarkeit des Erlebens, und damit der Erzählkompetenz nehmen. Leicht lassen sich ideologische Positionen unterscheiden - sowie Affekte auf der vollen Breite zwischen Faszination und Verweigerung.
Wenigstens für das im Projekt „Möglichkeiten" tätig gewesene schlanke Fünfer-Sample gilt: Der österreichische Schriftsteller geht mit einem Blick für Nöte, Bedürfnisse, Abhängigkeiten, für fremd- und selbstbestimmte Lebensdefizite in eine Wirtschaftsunternehmen. Aber er würdigt Durchhaltevermögen, Mut zum Risiko, Erfindungskraft, Eigensinn und den die Arbeitsplätze sichernden Profit. Dem Leser liefert er unvermutet punktreiche Bilder.

Gundi Feyrer

Hardware. Software. Softfacts. Mensch.

Am 11. 11. 98 hatte ich mein erstes Interview in der Firma *Frequentis*. Flugsicherung. Eine große Telefoniererei, erklärt mir später jemand und: „hier wird Flugsicherung gemacht", das heißt Informationsvermittlung durch elektronischen Datenaustausch; hier entstehen die „Anlagen" (Schaltanlagen; Kommunikationssysteme…) für die Flugzeuge, die Flugplätze, Rettungsdienste, Feuerwehr, Polizei. Ich habe noch keine Idee, was das alles wirklich ist und wie es gemacht wird – aber ich werde es ja sehen. Bei meinem ersten Interview bekomme ich von einer Dame, Managerin genannt, eine Menge Informationen in die Hand gedrückt: „damit ich mir ein Bild machen kann."

Gut. Mein Auftrag ist: „Erkundung und Darstellung von Lebens- und Wirkungsfeldern im Bereich der österreichischen Wirtschaft durch den EU-Beitritt." Die dazu nötigen Recherchen kann ich in besagter Firma anstellen.

Wie dringe ich nun aber in dieses Tier, genannt Firma mit über 300 Mitarbeitern, ein? Und was ist überhaupt ein Wirkungs- oder Lebensfeld im Bereich der Wirtschaft? Der Satzteil „durch den EU-Beitritt" übersetze ich mal so, dass dieser Beitritt etwas geändert haben könnte. An den Lebens- und Wirkungsfeldern.

Die Dame und ich überlegen also gemeinsam, wie und wo ich damit überhaupt anfangen könnte und was ich dort bräuchte, bzw. wie man mich nutzen könne, lächelt die Dame.

Aber sie ist gerade aus dem Urlaub gekommen, ich bin müde von der schlechten Luft im Raum und von meiner Verzweiflung über die mir noch recht rätselhaft erscheinenden Begriffe besagter Lebens- und Wirkungsfelder in der Wirtschaft, was ich einfach nicht verstehe. Aber man wird schon sehen. Und jetzt beginnt die Dame wirklich zu sprechen – auch weil ich so stumm bleibe –, und sie spricht und spricht, während meine Verzweiflung immer größer wird, weil ich fast kein Wort von dem was sie sagt, verstehe! Sie spricht fast nur in Anglizismen: „faces, lines, researches, results, creative products", etc. und ich, ich bekomme kein einziges Bild zu ihrer Rede zusammen!! Ich sitze in einem Weiß, während ihre Worte daran, an diesem Weiß, abgleiten und werde immer schläfriger.

Sie redet und redet, sie will mir etwas mitteilen, scheint es, und ohne „communication boarders" (irgendwann fällt dieser Ausdruck aus ihrer Rede, aber die „boarders" werden durch sich selbst, durch diesen Ausdruck, leider nicht zum Fallen gebracht.) Sie ist sehr pflichteifrig und bemüht sich, dass uns da etwas einfalle. Sie arbeitet redend, legt einiges in ihrem Kopf hin und über, erzählt, scheint ganz in ihrer Aufgabe aufzugehen. Keinen Augenblick lehnt sie sich zurück, um Atem zu holen, sie scheint zu glauben, dass ich genauso gierig auf die noch unbekannte Aufgabe bin wie sie, und mir, die ich schläfrig und verwirrt dasitze, fällt es schwer, Atem zu holen: ihren Atem, den sie dauernd überschlägt im Reden: sie erscheint als ein Musterbeispiel an Dienstbarkeit, Brauchbarkeit, Fleiß, Nützlichkeit, sprich, sie geht ganz in ihrer Arbeit auf.

Mich erstaunt es, denn spricht man in Paris oder Madrid über Geschäfte, erscheint niemand dermaßen gehetzt und unter Druck. Gewiß, es waren keine Manager, mit denen ich zu tun hatte, aber doch auch sogenannte Chefs (man korrigierte mich später in der Firma *Frequentis*, der Begriff „Chef" sei veraltet, es gäbe nur mehr „Teams" und „Kollegen") und diese erschienen denn auch immer wieder (oder eher dauernd) als Person, d. h., „man" lehnte sich zusammen zurück, beschaute ein wenig die Situation, versuchte also, den hier

gewünschten „Dialog“ zu führen, das heißt, ein Zwiegespräch, bei dem man schaut, ob das „Gesendete“ überhaupt „empfangen“ wird. Ich spüre ihre Unsicherheit jetzt, ihr „Nicht-Wissen“ von dem, was ich dort in der Firma tun könnte (ich weiß es ja auch noch nicht, lasse mich deshalb aber nicht so unter Druck setzen) und nun meint sie, man müsse *sofort* eine Idee, Lösung, eine Verwendung für mich finden und wenn ich schon so träge erscheine (ich bin es jetzt auch), so macht *sie* es eben. Nun gut. In einer Firma leistet man sich kein Trödeln oder eben: anders, nicht so offensichtlich. Im Moment ist mir alles gleich, oder besser: rätselhaft. Außerdem verstehe ich diesen Computerjargon oder wie immer das zu nennen wäre nicht und frage also in dem Moment, in dem sie zum Glück eine kleine Pause macht: „Ja, äh, was meinen Sie jetzt KONKRET?“ Sie stutzt, blickt mich endlich etwas verzweifelt an und sagt: „Ja, also, Sie sollen die Inputs für die Softfacts liefern!“
Ja. Achso. Die Softfacts. Software, Hardware, ich für die Computer? Nein, stell’ dich nicht so blöd, sage ich mir, die Computer sind in diesem Fall die Köpfe, die Köpfe der Leute und du, ich er sie es, nein, ich, soll da etwas hineintun. In die Köpfe. Der Literat soll da etwas hinzufügen, beifügen, beisteuern. Von seinem Blickwinkel aus. Softfacts? Sanfte Tatsachen, wenn ich das richtig übersetze. Was ist verdammt, eine sanfte Tatsache? Mir fällt Wittgensteins Satz aus dem Tractatus „Die Welt ist die Gesamtheit der Tatsachen, nicht der Dinge“ ein. Ja, das verstehe ich gerade noch, aber ich verstehe nicht, was mit einer sanften Tatsache gemeint sein könnte. Was IST eine sanfte Tatsache? Wie kann eine Tatsache überhaupt *sanft* sein? Die sanfte Tatsache, dass ich ein Fahrrad habe (ich habe keins). Sanft wäre hier falsch gebraucht, weil sich meine komische Assoziation auf den Effekt des Fahrradbenützens bezieht und nicht auf die Tatsache, eines zu haben. Ich komme also auf die Idee, weil

Fahrräder keinen Lärm und keinen Dreck machen. Großer Blödsinn also. Die Tatsache, dass ich ein Fahrrad habe (auch wenn ich keins habe), ist nicht *sanft*. Was ein Unsinn! Sanfte Tatsachen. Eine Tatsache ist eine Tatsache. Basta. Weder sanft noch grob. Es ist ein grausamer Tatbestand, dass Leute zu Tode gequält werden – das kann man sagen, aber ein Tatbestand ist keine Tatsache. Ja, man sagt auch, es ist eine grausame Tatsache, dass… – aber das ist falsch gebraucht. Eine Tatsache ist eine Tatsache und kann vielleicht Entsetzen hervorrufen, also einen Effekt erzeugten, aber vom Sprachlichen her gesehen, hat eine Tatsache keine Eigenschaften. Und überhaupt: *sanft*! Wenn man schon vom Effekt redet: Jemand hat Kummer, weint, und der Effekt ist, dass man sich sanft stellt, tröstet, aber die Tatsache, dass da jemand Kummer hat, ist nicht sanft. Alles verkehrt. Ich muss das einmal richtig überlegen, denke ich und während ich mich weiter und weiter in dieser meiner sprachlichen Verwirrung verfange, redet sie schon lange weiter und weiter und irgendwann taucht das Wort „Kulturprogramm" auf. Ich horche auf und denke, achso! Die Kultur, Kunst, Musik, *sanft* gemeint also in dem Sinn, dass sie, diese Künste, diese Kultur in einer Firma normalerweise keine Rolle spielen und da dies eine vorbildliche Firma ist, wird auch noch etwas für die kulturelle Bildung der Leute getan. Vielleicht macht man Ausstellungen oder organisiert Musikabende und ich soll da jetzt sozusagen „beistehen" oder beraten oder so etwas. Aber nein, auch nicht, es handle sich um die Pflege der Firmenkultur. Achso, sage ich. Ja, denn die Firma ist gewachsen, kurz nach dem Krieg wurde sie gegründet und jetzt sind es schon mehr als 300 Mitarbeiter und der Kontakt zwischen den Leuten solle doch beibehalten werden und nicht wegen der jetzigen Firmengröße verloren gehen.

Wir verlassen den kleinen Konferenzraum und gehen zu ihrem Arbeitsplatz in einen größeren Raum, in dem mehrere

Damen um einen riesigen Tisch herumsitzen, mit jeweils einem Computer vor sich. Mein Dame druckt mir die Seiten des „Kulturprogramms“ aus, ja, ich lese schon darin, während sie weiter ausdrucken lässt: Da sieht man sich monatelang nicht mehr, weil es eben zu viele Leute geworden sind, verkehrt nur mehr per E-Mail oder Inline oder weiß der Teufel wie das alles genannt wird. Ich lese weiter, es gibt da ein Problem des Auffüllens der Kaffeekannen, denn „immer“, wenn man die Kantinenküche betritt, ist die Kanne leer, und dann wurde wohl eine zweite Kanne angeschafft und jetzt sind eben aber beide Kannen immer leer. Ja. Ich? Soll hier etwas *liefern.* Was nur? Für diese, wenn ich es jetzt richtig verstehe, „sanfte Tatsache“, dass auch die zweite Kanne immer leer ist. Diese Tatsache ist aber nun sicher nicht sanft (wenn sie überhaupt etwas „ist“). Außerdem erzeugt sie Ärger. Bin ich ein Soziologe? Man wird schon sehen.

Ich bin auch jetzt nicht aufgewacht und habe (natürlich) auch das Gefühl, meine Zeit sei bei der Dame abgelaufen, sie habe jetzt anderes zu tun. Ich beharre jetzt aber darauf, dass ich das „ganze Kulturprogramm“ sofort und jetzt mitnehmen will. Es dauert. Sie erscheint unglaublich gehetzt und überhaupt sehe ich eine von ihr selbst inszenierte Reduzierung ihrer eigenen Person auf reine Nützlichkeit, reines Funktionieren – wehre ich mich, seit ich denken kann, dagegen, nützlich zu sein. Ist man auf der Welt, um anderen zu nutzen, dienlich zu sein? Das wäre ja noch schöner!

Ja, lieber Herr Schüssel, denke ich, von Ihnen soll diese Idee der Annäherung von Literatur und Wirtschaft kommen, hörte ich – ich weiß nicht, ob diese Idee wirklich gut ist, d. h., ich verstehe nicht, wie Sie sich das vorstellen: „Die Annäherung zweier sich misstrauisch begegnender Sphären: Literatur und Wirtschaft“ (So heißt es in dem Blatt >OBSERVER<). Ich freue mich natürlich sehr über das Geld –

hat es mir wieder einmal das finanzielle Überleben und Schreiben ein paar Monate gesichert.
Aber, machen Sie sich keine Sorgen, ich werd's schon sehen.
Also: es sitzen sich gegenüber nicht zwei Sphären (die können nicht sitzen), sondern zwei Berufe: der sogenannte Manager und der sogenannte Schriftsteller. Im Augenblick die Dame und ich. Nein, eben nicht sie und ich, sondern ihr Beruf und meiner. Können Berufe sitzen? Eigentlich nicht, aber jetzt schon, denn zumindestens die Dame reduziert ihr Dasein vor mir gänzlich auf ihren Beruf, ihre Funktion. Und ich? Bin ich mein Beruf? Ich hoffe, ich hätte eine Berufung, aber es hat mir immer widerstrebt, in den Hotels oder Pensionen z. B. beim Ausfüllen der Anmeldezettel unter „Beruf" überhaupt etwas hinzuschreiben. Da ich dann immer in überlanges Grübeln verfiel, was ich denn nun schreiben könnte, als was ich mich denn nur bezeichnen könnte, und die Portiers aber nie soviel Zeit hatten, schrieb ich dann meistens „Künstler" (und nicht „Schriftsteller"), was mir „weiter" erschien, aber auch das ist mir fast wie Verrat vorgekommen, mein Dasein auf einen Begriff einzuschränken.
Gut, die Dame scheint immer nervöser wegen dieser Zeitverschwendung – per E-Mail wäre dieser „Druckaufwand" nicht nötig, ich habe aber so etwas nicht. Mein privater Luxus sozusagen. Ob klug oder unklug. Und ich sehe die Dame in ihrem Gehetztsein und muss an die „männischen Formen" im Großen Glas von Marcel Duchamp denken, wobei mir gleichzeitig Thomas Zaunschirms Buch: „Robert Musil und Marcel Duchamp" einfällt, sowie die dort zitierten Zeilen von Musil (aus seinen Entwürfen zu *Der deutsche Mensch als Symptom*):
„Heute ist die hauptsächliche Bindung der Beruf. Mit der Berufsbezeichnung... ist heute fast alles über einen Men-

schen gesagt, wozu sein Leben Anlass bietet… Außerhalb dieser Bindungen klappt der Mensch zusammen wie ein aufgeblasener Luftsack…"
Und weiter:
„Diese Verkapselung im Beruf betrifft als formendes Klischee die stereotype Erscheinung und Gefühlsabhängigkeit des Mannes. Sinnlichkeit und Beruf kennzeichnen geradezu den Gegensatz von Oben-Unten. Der Mensch existiert nur in Formen, die ihm von außen geliefert werden. Er schleift sich an der Welt ab, ist ein viel zu mildes Bild; er presst sich in ihre Hohlform müsste es heißen."
(Und ich soll ja „Lebensfelder" finden.)
Und ich sehe jetzt eine FRAU, die sich in die Form reinen Funktionierens pressen lässt und der außerdem die „männische" Überheblichkeit fehlt – ich sehe sie wie jemand, der sich opfert, der sein Geschlecht, seine Person, sein Dasein opfert. Wo ist der Stolz, Frau zu sein? Die Männer, die in dem Büro herumlaufen, scheinen von ihrem Stolz, Mann zu sein, nichts eingebüßt zu haben, jedenfalls gehen sie überheblich lächelnd zwischen den Damen herum. Auch grüßt mich keiner der Herren, während mich die Damen alle grüßten. Jaja. Die Geschäftswelt, „anders" wird man von „den Männern" nicht ernstgenommen, heißt es, und wahrscheinlich stimmt es, aber andererseits geht es ja überall letztlich um Macht, und warum lässt man sich die FORM dieses „Wettbewerbs um Macht" aufzwingen? Hätte man doch andere Formen, die eventuell wirksamer wären?
Nun also weiter in meinem Auftrag: ich bin der Schriftsteller und die Dame und die anderen, die noch kommen werden, sind die Manager.
Unter *Manager* steht im Fremdwörterlexikon:
„Manager: 1.) Mit weitgehender Verfügungsgewalt, Entscheidungsbefugnis ausgestattete leitende Persönlichkeit (eines großen Unternehmens). 2. Betreuer (eines Berufssportlers, Künstlers o. ä.)."

Betreuer eines Künstlers? Ja, mein Lexikon ist nicht das beste. Ein Chef jedenfalls. Also doch. Einer, der organisiert, dachte ich immer. Der etwas zusammenhält, mehrere Stränge, eine Struktur, mehrere Dinge auf einen Punkt bringt.
Wie ich es ja auch versuche. Meine Wahrnehmung, die sich zusammensetzt aus dem, was ich weiß, was ich will, meine Erfahrung, mein Wille, mehr zu wissen, zu erfahren… zusammenzubringen mit dem was „da ist", dem was geschieht (wie sehe ich das, was mir passiert, unter welchem Blickwinkel, Gesichtspunkt, betrachte, fühle, höre… ich es) oder kurzgesagt, wie kann ich Welt beschreiben?
Die Stränge zusammenbringen, zusammenhalten, auch mich daraus ableiten. Oder die Welt irgendwie unter einen Hut bringen, der mir passt und den dann immer weiter ausweiten.
So stehen wir uns also gegenüber. Und ich bin dabei auch ein Chef. Mein eigener. Also: Chef zu Chef. Ich leite und organisiere mein eigenes und hoffentlich ein wenig nützliches Unternehmen. Kümmere mich auch um mehr Gewinn, wobei die Bedeutung dieses Wortes in meinem Geschäft eine andere, im besten und angestrebten Falle, geistige Dimension hat. In Geschwindigkeit, Leistung und Fleiß sehe ich für mein Unternehmen nicht unbedingt einen Vorteil. Qualität, was immer das ist, hat in meinem „Geschäft" nichts oder wenig mit Fleiß oder Leistung zu tun, eher das Gegenteil: ich MUSS sozusagen „müßiggehen", faul sein, um etwas Gutes zustande zu bringen (ich weiß nicht, wie es bei anderen ist, glaube aber, dass eben diese Begriffe „Arbeit, Fleiß, Leistung" hier nicht zutreffen). Würde ich den ganzen Tag am Schreibtisch sitzen, würde sicherlich viel auf dem Papier stehen, aber nicht unbedingt das Beste. So unterscheiden sich diese beiden „Berufe" schon einmal hierin.
Ich muss also, wie auch Th. Bernhard in der „Auslöschung" schreibt: „frische Luft in meinen Kopf hineinlassen, die

Welt dort hineinlassen"; das Leben hineinlassen und nicht aussperren. Sage ich. Die Schönheit, das Entdecken, Sehen und Wahrnehmen der Schönheit, ich muss „spüren": die Herrlichkeit des Lebens, seine Größe, die genauso in der Hässlichkeit, der Grausamkeit, usw. besteht; die ganze Verschwendung der Natur, die ohne Unterlass dauernd wächst und in der ohne Ende geboren und gefressen wird, in der alles immer wieder verfault, abstirbt – das Großartige des Auf-der-Welt-Seins, dieses Wunder, diese ganzen Wunder, die das Leben ausmachen, wie z. B. George Bataille in „Die Aufhebung der Ökonomie" schreibt:

„...Nichts unterscheidet sich so sehr von dem Menschen, der den Unternehmungen des Wachstums unterworfen ist, wie der relativ freie Mensch der stabilen Gesellschaften. Der Aspekt des menschlichen Lebens ändert sich, sobald es sich nicht mehr von der Phantasie leiten lässt, sondern sich den Erfordernissen von Unternehmungen beugt, die die Vermehrung der vorgefundenen Errungenschaften gewährleisten. Ebenso ändert sich das Gesicht eines Menschen, der von der Turbulenz der Nacht zu den seriösen Angelegenheiten des Vormittags übergeht. Die um Wachstum bemühte Menschheit zivilisiert sich, wird gesittet, aber sie neigt dazu, Gesittung mit dem Preis des Lebens zu verwechseln, und sein ruhiges Fortdauern mit seiner poetischen Dynamik. Unter diesen Umständen kann die genaue Kenntnis, die sie im allgemeinen von den Dingen hat, nicht zu einer vollen Selbsterkenntnis werden. Was sie für die ganze Menschheit hält, ist eine Täuschung: es ist nur die arbeitende Menschheit, die lebt, um zu arbeiten, ohne die Früchte ihrer Arbeit frei zu genießen. Natürlich ist auch der relativ beschäftigungslose – oder zumindest sich wenig um seine Werke kümmernde – Mensch, von dem Völkerkunde und Geschichte sprechen, nicht der ganze Mensch. Aber er lässt uns ermessen, was uns fehlt."

Da es im Text heißt, Manager und Schriftsteller sollen in einen Dialog treten, wollte ich wissen, was diese, meine Dialogpartner, vom Künstler halten, ob sie das „Leben eines Künstlers" eventuell beneidenswert fänden. Dank eines, ich möchte es lieber „Gespräch" nennen, mit einem der Manager, kamen wir (oder sogar nur er) auf die famose Idee, ich könnte Fragebögen versenden, zumal die Interviews oder eben die „Dialoge" wenig brachten. Meistens hatte man eine halbe Stunde Zeit eingeplant und die Herren (es waren nur Herren) saßen abwartend da, um zu sehen, was ich sie nun fragen würde. Mir fiel zunächst nur immer dasselbe ein, d. h., ich erkundigte mich nach deren spezifischer Tätigkeit, wie die Zusammenarbeit mit den „anderen" aussehe (die Frage, ob sich nach dem EU-Beitritt etwas geändert habe, verneinte man. Eventuell sei es etwas einfacher, ausländische Leute einzustellen und die Rechnungsausfertigung sei auch etwas einfacher geworden, aber sonst nichts. Diese Frage ließ ich dann fallen). Erkundigte ich mich nach dem Interesse für Kunst, Musik oder Literatur, wurde immer entschuldigend gelächelt, man habe keine Zeit, da man jeden Tag 10 bis 14 Stunden in der Firma arbeite. Ja. Mehr fiel mir dann nicht mehr ein (ich will mich ja auch nicht als „Kunst-Messias" aufspielen. Wer davon nichts wissen will, soll es eben bleiben lassen. Um sich für Kunst zu interessieren, muss man sich damit befassen, genau so wie mit der Flugsicherung.)
Ähnliches erzählte ich dem erwähnten Herrn Manager, dem sogenannten „Key Account UK, Prozess Owner Kultur", der sich sogar auf meinen Besuch vorbereitet hatte, meinen Lebenslauf vor sich liegen hatte und mit dem es sich „dialogisieren" ließ, d. h., auch er fragte mich etwas, war allerdings genauso ratlos beim Durchlesen meines Auftrags. Und hatte eben die Idee mit den Fragebögen, die eine hilfreiche und sehr gute war, denn, wie gesagt, dachte ich, ist aus der Masse

mehr „herauszuholen“ als aus einigen ausgewählten Einzelnen.
Da also die Veränderung durch den EU-Beitritt von allen verneint worden war – Flugsicherung sei naturgemäß und eben seit Beginn der Firmengründung ein internationales Geschäft – versuchte ich, mich dem anzunähern, was da Lebens- und Wirkungsfelder heißen könnte. Und also, um auf die Idee des Dialogs zurückzukommen, wollte ich sehen, wie das „Künstlerbild“ aussieht, ob man das Leben eines Künstlers für beneidenswert hielte. (Zum Dialog gehören ja, wie schon gesagt, ZWEI und ich hätte gern gewusst, wie man mir, als Beruf verkleidet, begegnet.)
So antworteten z. B. 22 von 28 Herren und 6 von 11 Damen mit einem mehr oder weniger schlichten „Nein“, einige setzten lakonisch dazu, „haben kein Geld“ oder „nur, wenn dieses Leben von Erfolg gekrönt ist“ – das Hauptargument war immer das Geld. „Hartes Leben, weil kein Geld“. Dass „Wenig-Geld-Haben“ (meistens und hierzulande gern verwechselt mit: „Kein-Geld-Haben“, was bedeutet, auf der Straße zu sitzen und zu schlafen) überschattet, ist klar, dass es aber auch andere Arten des Lebens und Erlebens gibt, scheint ausgeschlossen zu sein. Ein Herr immerhin bejahte, mit dem Zusatz: „Durch ihre eigene Gestaltung der Freizeit und ihrer Idee die sie ausleben und präsentieren können.“ (Übrigens scheint man es mit der Grammatik und der Rechtschreibung in der *Frequentis* nicht so genau zu nehmen – ist für Ingenieure wahrscheinlich auch eher uninteressant –, aber wenn ich schon einmal die Möglichkeit sehe, den gewünschten INPUT zu liefern, dann diesen, dass man in der Firma einen Deutsch-Kurs anbieten könnte).
Eine Dame schrieb auf die oben stehende Frage: „Nein, denn diese können sich auch nicht alles kaufen (privates Glück).“ Was auch ein seltsamer Satz ist (wahrscheinlich soll er bedeuten, dass alle Menschen gleich seien?). Und ein

Herr: „Sie haben keinen Beruf und keine Freizeit, sie haben EIN Leben, machen sozusagen 24 Stunden lang das, was ihrer Berufung entspricht."
Das ist doch immerhin etwas. Denn die anderen „Nein" und „Kein Geld" etc. haben mich nicht nur enttäuscht, sondern sogar diesen hier geforderten „Beruf" beleidigt, denn man hatte nicht einmal mehr Bewunderung für die Künstler übrig, oder dafür, dass man etwas macht, ohne gleich ans Geld zu denken, etwa. Wir sind, ich bin für sie einfach nur ein armer Schlucker, wenn ich keinen Erfolg habe (und hätte mir wenigstens gern ein bisschen Stolz bewahrt). Erfolg scheint eben gleich Qualität zu sein – was übrigens immer mehr und an immer mehr Orten vertreten wird.
Ich erzählte dies einigen befreundeten Künstlern: auch hier erschreckten sich wenige. Sie halten es für normal, dass man sie im Grunde, im öffentlichen Umgang, Bild, so mitleidig oder wenig achtend, ansieht. Ich lebte ja einige Zeit in Paris und Madrid und dort ist dies anders. Nicht so. Der Ruf des Künstlers, Dichters, ist dort hoch. Die Achtung ist hoch. Das drückte sich z. B. so aus, dass ich einige Male in diesen sehr teuren Städten eine Wohnung billiger mieten konnte als angegeben. Eben, WEIL ich im voraus sagte, dass ich KEIN regelmäßiges Einkommen hätte und dass meine finanzielle Existenz eben wegen des Schreibens auf unsicheren Beinen stehe. Ich musste das sagen, da ich ja keine Lohnbescheinigung vorzuweisen hatte, also nichts als ein paar gedruckte Bücher. Dazu in fremder Sprache. Gedruckte Bücher, die hier, bei einem Vermieter, nichts wert sind, dort aber schon. Jedenfalls habe ich hier noch keinen Hausbesitzer getroffen, der mir wegen meiner Bücher die Miete ermäßigt hätte. Diese Leute in Paris und Madrid waren sicherlich Ausnahmen, aber ich habe doch an die siebenmal solche Ausnahmen (Menschen) erlebt. Und ich frage mich, ob es hier, wenn schon die Künstler selber das normal finden – solche Aus-

nahmen gibt. (Wie ich meine Wohnungen HIER bekam? Durch zahlungssichere Bürgen oder Freunde).
Ich sage das, weil mich die Ausschließlichkeit materialistischen Denkens enttäuscht und beleidigt hat. Weil ich mich also persönlich beleidigt fühle, dass die „Künste" (egal ob Musiker o. ä.) in diesem Land, das doch so viele Künstler sogenannt „hervorgebracht" hat, so gar nichts mehr wert sein sollen, so gar nichts Schönes ihnen mehr anhaften soll – heißen die Kunstakademien in romanischen Ländern „der schönen Künste", heißen sie hier „der bildenden" – verspricht „bilden" mehr Gewinn als das Schöne? Zumindest verweist es direkt auf eine Tätigkeit, auf Arbeit, das Bilden. Das Schöne hingegen hat diese Assoziationen nicht unbedingt im Hofstaat.
Ich weiß nicht, was die anderen Schriftsteller „recherchiert" haben – ich werde es ja nachlesen können, aber ICH weiß wirklich nicht, was ich mit derart materialistisch gesinnten Menschen anfangen, reden soll und was hierbei Lebens- oder Wirkungsfelder sein sollen.
Auch fragte ich mich, woher diese Idee kommt, diese beiden „Berufe" gegenüberzustellen: irgendwann begriff ich es und rief: „Natürlich, natürlich!". Die Künstler, Dichter, o. ä. von heute – da es viel zu viele davon gibt und da es viel zu wenige Leute mit Urteilskraft gibt, müssen sich ja wie Manager benehmen, um überleben zu können. Man „arbeitet" auch dauernd, wird gesagt jedenfalls, für Projekte, an Projekten, für Wettbewerbe, Stipendien, man muss sich sehen lassen, den richtigen Wein mit dem richtigen Galeristen oder Kritiker oder Kurator trinken, Kontakte knüpfen; das „zweckfreie" Schreiben kann sich ja nur mehr der leisten, der eh schon Geld hat oder Glück. Die meisten sind und müssen gleichzeitig ihre eigene Werbefirma, ihr eigener Verkäufer, ihre eigene Verwaltung, ihr eigener Vertreter in In- und Außenhandel, oder besser noch: ihre eigenen Beam-

ten in ihrer anfallenden Verwaltung sein. Müssen sie sein. Und da haben die Leute aus der *Frequentis* schon recht: hartes Leben und außerdem wenig Geld. Abgesehen davon bekommt man für eine Buchpublikation oft gar nichts bis sehr wenig, wenn man keinen Bestseller schreibt (sehr viel weniger als ein Manager in der F im Monat verdient – für eine unter Umständen drei- oder mehrjährige „Arbeit"), im Verhältnis zur geleisteten Arbeit. So muss man sich dauernd verbeamten und verkaufen und am besten wäre, man wäre Manager bei der *Frequentis,* wenn man es schon in der sogenannten Kunstwelt nicht kann. Denn: was ist heute ein Künstler? Gibt es sie noch, ich meine, die anderen, die nicht ein Managerleben führen. Oder gibt es Künstler nur, weil es Subventionen gibt?

Das liegt aber auch daran, weil es immer weniger private Mäzene gibt. Das sind Leute, die ein Interesse an Kunst haben und sich dafür einsetzen. Sich dafür interessieren, etwas davon verstehen. Also nicht staatlich eingerichtete Stellen, bei denen nur ganz wenige eine „Ahnung" von Kunst haben und man auf Jurys angewiesen ist, also Gemeinschaften von Beurteilern, teils auch Künstlern, die zusammen beratend ein Urteil fällen. Ein Lotteriespiel, denn jeder der Juroren hat seine Vorlieben und seinen eigenen Geschmack, es sind Mehrheitsurteile und nicht das Interesse und der Einsatz einer Person, die es sich leistet, sich seine Vorlieben zu leisten.

So werden die Ehrungen mehrheitlich bestimmt. Demokratisch. Damit zerfällt aber auch immer mehr die Urteilskraft, man lässt sich aus gutem Grund durch abschlägige Urteile auch nicht mehr abschrecken, man schickt „sein Projekt" sowieso immer gleich an mehrere Stellen. Das eine Gremium lehnt einen ab, das andere verleiht einem einen Preis, hält Reden über die hohe Qualität des Werkes, die an anderer Stelle verneint wird. Nicht gut, gut, schlecht, genial: es

scheint, dass heute keiner mehr oder sehr wenige noch in der Lage sind, ein Urteil zu fällen – auch hier geht es um den Marktwert, dem genügt werden muss.
Insofern ist die Idee Herrn Schüssels nicht so abwegig oder andersherum: zynisch realistisch. (Wenn er es nur wüsste!)
Ich gehe also weiter meinem Auftrag nach: ich fragte z. B. in den Fragebögen auch, ob man überhaupt eine Freizeit habe, denn meine „Interview-Partner" sagten mir ja alle, sie arbeiteten 10 bis 14 Stunden. Und was man dann, in dieser sogenannten Frei-Zeit anstelle. Es stellte sich heraus, dass die Männer sehr wenig Freizeit haben. Bei ihnen heißt Freizeit meistens: „ist gleich (=) Familie oder Freundin." (Liebe ist gleich (=) Freizeit – ob das ein guter Bestseller-Titel wäre?) Die Frauen scheinen viel Freizeit zu haben, d. h., sie sind wahrscheinlich unverheiratet, haben sich schon im Vornherein angepasst, weil für eine Frau Beruf und Familie immer noch schwerer als für Männer zusammenzubringen sind. Einen Fernseher scheint übrigens niemand zu besitzen, jedenfalls antwortete nur ein Herr von insgesamt 39 Personen, er schaue „ein wenig TV". Die anderen scheinen alle sehr viel Sport zu treiben und zu lesen – leider schrieb niemand, WAS er lese – ich hatte nicht extra danach gefragt.
Ich wollte auch erfahren, ob man wisse, wer Wittgenstein sei: 50 % der Herren scheinen es zu wissen und die Damen wissen es alle außer einer. Einige schrieben: „dank Internet" oder: „habe den Namen schon einmal irgendwo gehört". Wobei auch bemerkenswert ist, dass es laut den ersten 10 Fragebögen niemand wusste und danach fast alle.
Dann fragte ich, was man denn tun würde, wenn man so reich wäre, dass man nie mehr arbeiten müsste. 61 % der Herren und 82 % der Damen antworteten schlicht:
„ Weiterarbeiten".
Einige der Herren hatten noch Träume und eine andere Vorstellung vom Leben, einer würde gern eine Gitarre bau-

en, einer möchte „reisen" und zwei Männer schrieben sogar: „gar nichts tun." Wenigstens! rief ich, sage ich im Sinne von Bernhard, wenn ich noch einmal an die *Auslöschung* erinnern darf:

„...meine Eltern haßten das sogenannte Nichtstun, weil sie sich nicht vorstellen konnten, daß ein Geistesmensch das Nichtstun gar nicht kennt, es sich gar nicht leisten kann, daß ein Geistesmensch gerade dann in der äußersten Anspannung und in dem allergrößten Interesse existiert, wenn er sozusagen dem Nichtstun frönt, weil sie mit ihrem tatsächlichen Nichtstun gar nichts anfangen konnten, weil in ihrem Nichtstun tatsächlich gar nichts vorging, weil sie in Wahrheit und in Wirklichkeit überhaupt nicht denken, geschweige denn einen Geistesprozess zu führen imstande waren. Dem Geistesmenschen ist das sogenannte Nichtstun ja gar nicht möglich. Ihr Nichtstun allerdings war ein tatsächliches Nichtstun, denn es tat sich in ihnen nichts, wenn sie nichts taten. Der Geistesmensch ist aber genau im Gegenteil am allertätigsten, wenn er sozusagen nichts tut..."

Und weiter:

„Der Großteil der Menschheit, vor allem in Mitteleuropa, heuchelt Arbeit, schauspielert ununterbrochen Arbeit vor und perfektioniert bis ins hohe Alter diese geschauspielerte Arbeit, die mit wirklicher Arbeit genauso wenig zu tun hat, wie das wirkliche und tatsächliche Schauspiel mit dem wirklichen und tatsächlichen Leben."

Und: „...In Wahrheit und Wirklichkeit gibt es nurmehr Schauspieler auf der Welt, die Arbeit spielen, keine Arbeiter..."

Und: „Aber nicht nur in den sogenannt höheren Ständen wird die Arbeit heute meistens nur mehr noch geschauspielert, denn wirklich getan, auch unter dem sogenannten einfachen Volk ist diese Schauspielerei weit verbreitet... Die meisten Arbeiter und Handwerker glauben heute, daß es genug ist, wenn sie den blauen Arbeitsanzug anziehen, ohne auch nur etwas zu tun, von einer nützlichen Tätigkeit ganz zu schweigen, sie schauspielern Arbeit und ihr Kostüm ist der den ganzen Tag penetrant getragene blaue Arbeitsanzug, mit diesem rennen sie ununterbrochen umher und kommen tatsächlich sehr oft auch in Schweiß darin, aber dieser Schweiß ist ein falscher und deshalb perverser und beruht nur auf geschauspielerter Arbeit, keiner wirklichen..."

„...Sie waren zu dumm, um an eine Geistesexistenz auch nur zu glauben. Mein Onkel Georg führte eine Geistesexistenz, wie ein paar Hundert vollgeschriebene Notizbücher beweisen. Die Beschränktheit des Mitteleuropäers, der, wie ja gesagt wird, lebt, um zu arbeiten, anstatt zu arbeiten, um zu leben, wobei es ganz und gar gleichgültig ist, was unter Arbeit zu verstehen ist, war meinem Onkel Georg schon sehr früh auf die Nerven gegangen... In seinen Kopf muß der Mensch frische Luft hereinlassen, sagte er immer wieder, das heißt, er muß immer wieder, und zwar tagtäglich, die Welt in seinen Kopf hereinlassen..."

Ja, das zu meinem Entsetzen über die Antworten auf die Frage, was man denn tun würde, wenn man die Freiheit hätte, sich dem Schönen des Lebens zu widmen.

Weiter in meinen Recherchen:

Bei allen Interviews fragte ich, wie schon gesagt, ob sich mein Gegenüber für Kultur, Musik o. ä. interessiere. Natürlich, ja, sicher, hieß es, aber bei 10 bis 14 Stunden bleibe dafür einfach keine Zeit mehr. Natürlich, natürlich, sage ich und sage auch, wissen Sie, mir fällt nichts mehr ein, was ich Sie fragen könnte. Es ist mir doch gleich, ob dieser Mensch in der Oper sitzt oder gar in der Alten Schmiede. Nein, es geht um etwas anderes: überall heißt es, es gäbe eine rapid steigende Arbeitslosigkeit, keiner habe mehr Arbeit und da kommen auch noch diese Ausländer. Nein, wir haben keine Arbeit. Und da stutze ich, denn fast alle der Herren antworteten mir, sie hätten vor lauter Arbeit kaum mehr Freizeit, also, sie rechtfertigten gleichzeitig ihr Kulturdesinteresse vor mir mit eben diesem Zeitmangel und diesem Arbeitsübereifer oder Gefordertsein. Aber, wenn sie schon unter Freizeitmangel leiden und jeden Tag 10 bis 14 Stunden arbeiten, dann könnte man doch die Zahl der Mitarbeiter erhöhen, wenn nicht gar verdoppeln und zwei Leute würden je sieben Stunden arbeiten und alle hätten viel mehr Freizeit und könnten sich an der Kultur erfreuen, wozu sie ja – leider – nicht kommen. Und außerdem und gleichzeitig wenden sich alle gegen die Leute, die wegen Verfolgung vertrieben wurden, aus Kriegen oder vor großer Armut geflüchtet sind. Da gibt es sicher auch viele gut ausgebildete Leute, Techniker, Akademiker, die z. B. diese 14 Stunden mit den Frequentis-Managern teilen könnten.

Axel Matthes schreibt z. B. im „Pfahl VII“:

„Wir Ersteweltler bilden uns ein: wir können uns selber machen. Sind Beobachter ohne Ehrfurcht (Ehrfurcht haben vor großem Unglück), aufdringlich, Verwerter, irreligiös. Uns schwindet die Gabe, die die Schönheit der Wesen und Dinge ausmacht, die Sehnsucht. Sind wir sterbende Völker? Ist Europa ein Museum? Dass ein ganzer Erdteil direkt oder indirekt zur Funktion der Wirtschaft wird, das ist Vineta…“

Oder Botho Strauß, „Anschwellender Bocksgesang“, auch im Pfahl VII:

„Wir kämpfen nur nach innen um das Unsere. Wir werden nicht zum Kampf herausgefordert durch feindliche Eroberer. Wir werden herausgefordert, uns Heerscharen von Hungerleidern und heimatlos Gewordenen gegenüber mitleidvoll und hilfsbereit zu verhalten, wir sind per Gesetz zur Güte verpflichtet. Um dieses Gebot bis in die Seele der Menschen (nicht nur der Wähler und Wählerinnen) zu versenken, bedürfte es nachgerade einer Rechristianisierung unseres modernen egoistischen Heidentums. Da die Geschichte nicht aufgehört hat, ihre tragischen Dispositionen zu treffen, kann niemand voraussehen, ob unsere Gewaltlosigkeit den Krieg nicht bloß auf unsere Kinder verschleppt." Und weiter: vor einiger Zeit sprach ich mit Künstlern über ein ähnliches Thema, das heißt, ich erzählte, dass die deutsche Bildzeitung vor Jahren die Selbstverbrennungen der Kurden auf der Autobahn überschrieben hatte mit der Schlagzeile, dass diese Selbstverbrennungen lästige Verkehrsbehinderungen seien, die zu verbieten seien. Ähnliches las ich kürzlich im „Kurier" zu den neuen Protestkundgebungen der Kurden wegen Öcalan. Ich dachte, man würde vor Empörung aufstehen, wegen einer solchen Formulierung. Aber nein, man war hier der Meinung wie es vielleicht die *Frequentis*-Leute sind (ich weiß DAS nicht, beziehe mich aber auf den „Kurier", der von der Mehrheit der österreichischen Bevölkerung gelesen wird und außerdem schließe ich „rück" wegen des von mir gedachten Satzes: „Wenn schon die Künstler so etwas sagen, was sagt dann die sogenannte „arbeitende Bevölkerung"! – Falls ich hiermit einigen Leuten aus der Firma *Frequentis* Unrecht tun sollte, entschuldige ich mich hiermit). Aber was ist das für eine Gesellschaft, die nicht einmal mehr wahrnimmt, dass, wenn ein Mensch sich öffentlich verbrennt, dass das ein Aufschrei ist, ein so unglaublicher, den „wir" in Reichtum und Sicherheit erstickt, uns nicht einmal mehr vorstellen können. Der Verkehr ist wichtiger als die Menschen, die so etwas tun, und sie tun dies, um auf die Ermordungen, Folterungen, Verfolgungen ihres Volkes in der Türkei aufmerksam zu machen. Über ihren eigenen Schmerz und ihren eigenen Tod. Und hier, und das ist meine allergrößte Enttäuschung, hat Herr Schüssel Recht: die Idee, Schriftsteller oder wie immer man sie nennen mag, in Dialog mit Wirtschaftsmanagern zu bringen, ist besser als ich dachte: hierüber, was eben die vom Leid Verfolgten anbelangt, wäre man sich sicher einig (siehe oben: falls meine Unterstellung falsch ist: Entschuldigung und vielen Dank!), dass solch eine Tat „lästig ist und den Verkehr stört."

Und damit verbunden, denke ich, dass fast alle diese sehr gut verdienenden Manager den Arbeitslosen die Arbeit wegnehmen und nicht die Armen, die Hilfe suchen. Denn, noch einmal: nach meinem Fragebogen, würden diese, selbst, wenn sie soviel Geld hätten, dass sie nicht mehr arbeiten müssten, weiterarbeiten und den anderen so die Arbeit *stehlen.* Und dürften nicht mehr jammern, dass sie soviel arbeiten müssen. Denn: es gibt ja offensichtlich ZUVIEL Arbeit und nicht zu wenig. Wir sind doch nicht mehr im Mittelalter, in dem die Armen soviel arbeiten mussten wie die armen Manager jetzt. Auch antworteten fast alle auf meine Frage, ob man meine, man sei ersetzbar, mit „ja". Und dass die Menschen, die aus Kriegsgebieten kommen, nicht alle Bauern sind, sondern wie schon gesagt, allen Berufsgruppen entstammen, ist bekannt. Nein, man will immer noch reicher werden und die anderen sollen eben immer noch ärmer werden. Schon heute verhungern genug Menschen auf diesem Erdball. Und hier beklagt man sich, dass man zu wenig Frei-Zeit hat. Dem ist doch leicht abzuhelfen, nicht? (Und die Managergehälter sind bestimmt, auf die Hälfte reduziert, immer noch ganz gute Gehälter). Es gibt eine Verantwortung, und mir scheint da etwas nicht zu stimmen. Auch fragte ich, ob man Zukunftsängste habe und fast alle schrieben: „nein, überhaupt nicht". Na also. Man will eben immer noch mehr Vermögen anhäufen. Eine Dame schrieb auf die Frage, was sie tun würde, wenn sie so reich wäre, dass sie nie mehr arbeiten müsste: „Vor Langeweile sterben". Ja, vor Langeweile und nicht brennend vor Verzweiflung.

Ich glaube im übrigen, dass die Antworten oder diese sogenannten „Lebens"-Felder (wobei ich dieses „Leben" nicht

als „Leben“ ansehe) in jeder anderen Firma genauso ausfallen würden. In ganz Europa.
Zum Schluss möchte ich noch ein Interview mit einem Ingenieur erwähnen. Zuerst erzählte er mir sehr entgegenkommend, was dort gemacht wird, was er dort macht, an seiner Stelle, dass z. B. die Sprachvermittlung innerhalb von 2 sec stattfinden muss, also der Sprechkontakt zwischen dem „Boden“ und dem Piloten: dass, wenn ein System ausfiele, sich sofort ein anderes einschalten müsse – wenn das nicht funktioniere, stürze das Flugzeug unter Umständen ab – wie schon geschehen. Er hat mir auch sonst viel über Flugzeuge erzählt – übrigens wäre ich gern auf den Kontrollturm gestiegen, das hat aber leider nicht geklappt, man brachte keinen Termin zustande. Irgendwann sagt er, er sei so glücklich in dieser Firma, auch, weil alle gut miteinander auskommen würden und vor allem, weil er hier „seine Identität voll ausleben könne“. Ich wurde natürlich neugierig, fragte ihn, wie er das mache, seine Identität voll ausleben – ich stellte mir vor, er spiele vielleicht Golf in seinem Büro oder schlage Purzelbäume auf dem Schreibtisch (er sah so vergnügt aus, als er das sagte) oder vielleicht verschwindet er mit der übrigens sehr hübschen Sekretärin draußen ab und an während der Arbeitszeit auf dem Clo (er sah auch ganz sinnenfreudig aus) und bin also gespannt und er sagt: „Das Geld, über das ich hier im Auftrag der Firma verfüge, ist MEIN Geld!!“
Ja. Das heißt, seine Identität voll ausleben.
Weitere Fragen, die ich stellte:
Zum Beispiel, ob man gerne das Leben eines Filmhelden, wie John Wayne oder wer auch immer oder das einer berühmten Sängerin führen würde, antworteten alle, mehr oder weniger mit „Nein“, ein Mann sagte: „Ich bin ich“, ein anderer: „Ich bin so wie ich bin“. Also keine verrückten Träume, man ist sich selbst genug. Immerhin ein Herr wäre

gern James Bond und einer ein guter Tenor. Eine Dame würde gern so leben wie die weiblichen Comic-Figuren Tank Girl und Lana Croft.

Dazu fällt mir jetzt auch nichts mehr ein, nur ein Satz von George Bataille:

„…das Denken wurde dem Menschen nicht gegeben, um die Welt gemäß seiner Normen zu ordnen, sondern damit es – in seinen Normen – von dieser Welt in Unordnung gebracht wird. Das nicht enden wollende Gelächter der Götter? Für sie ist das eine Grimasse!"*

Ja, Herr Schüssel, ich habe es mir gedacht: ich ging auf die Suche nach den von Ihnen gewünschten Lebensfeldern, aber ich finde nicht das, was ich unter „Leben" verstehe. Wie kann ich auch? Auch glaube ich nicht, dass man mir ehrlich etwas über sein „Leben" erzählen würde (wie kämen die Leute dazu? Ich würde es auch nicht tun), und so kann ich nur das wiederholen, was man mir auf den Fragebögen geantwortet hat. Und die für mich wichtigsten Dinge habe ich hier wiedergegeben, so gut ich konnte. Die Leute der Firma *Frequentis* scheinen sehr viel zu arbeiten, wie gesagt, so viel, dass sie für Kultur kaum Zeit haben, geschweige denn für ihre Familie, man hat das „Kulturprogramm", bei dem man sich um das bessere Funktionieren miteinander kümmert, seine Meinung zu etwas Vorgefallenem äußern kann. Man macht sich gegenseitig Mut, alles „positiv" zu sehen, den Rest der Welt gibt es nicht, außer „beruflich", man steht in Verbindung. Alle lieben ihren Chef, Verzeihung, den Kollegen Firmengründer, und ich freue mich, dass das Flugzeug, in dem ich sitze, nicht abstürzt und dass die Rettungsdienste und die Feuerwehr dank dieser Firma gut funktionieren. Dass die Polizei gut funktioniert, finde ich weniger „positiv", aber das ist meine „künstlerische" Meinung.

Wobei, wenn ich es überlege, bin ich, glaube ich, doch nicht gar so glücklich, wenn das Flugzeug, in dem ich sitze, nicht abstürzt. Ich meine damit, ich glaube nicht an das Heil im guten Funktionieren aller und von allem – natürlich ist „das Funktionieren" bis zu einem gewissen Grad notwendig und auch wünschenswert –, frage ich mich doch, ob nicht die Menschen, die da dauernd funktionieren müssen, bald nicht mehr so ganz „Menschen" sind – ich weiß, dass man sich hier, in den reichen Ländern, gern lächelnd gegen das Wort „Mensch" stellt, damit verbunden vermeidet man es, das Wort „menschlich" zu gebrauchen, denn, wo führt das hin? Muss ich doch jetzt noch an das Interview mit dem Ingenieur denken, der seine Identität voll auslebt und der mir – wie einige andere auch – begeistert von dem „Kulturprogramm" erzählt hat, nämlich, dass es einmal einen Fall gegeben habe, bei dem ein Mitarbeiter immer schlechter Laune war. Man kümmerte sich um ihn, denn er funktionierte schlecht (dass man sich auch aus menschlichem Interesse um ihn gekümmert hat, will ich gar nicht bezweifeln), störte die anderen mit seiner schlechten Laune und war wohl auch nicht so effizient in seiner Arbeit. Es stellte sich heraus, dass er Probleme mit seiner Frau hatte, und als alle Zusammenkünfte mit ihm nichts halfen, er sich von dieser seiner Frau trotz der guten Ratschläge nicht trennen wollte, also weiter einen unglücklichen und sich schlecht auf die Arbeitsatmosphäre auswirkenden Eindruck machte, wurde er nach einiger Zeit entlassen oder ging von selbst (gegangen worden, nennt man das glaube ich). Ja. Ich weiß nicht, ob Sie mich verstehen, aber alles auf gutes Funktionieren hin zu richten (hin-ge-richtet wurden und werden eben meistens die, die nicht *richtig* funktionieren, sei es mit dem Beil, dem elektrischen Stuhl oder mit dem Ausschluss aus der jeweiligen Gesellschaft) und den Menschen auf seinen Beruf zu reduzieren, erscheint mir nicht nur traurig, sondern auch sehr gefährlich, denn ich glaube, bei ein bisschen mehr Menschlichkeit im Umgang mit den Mitmenschen oder Arbeitern,

würde ich lieber mit dem Flugzeug abstürzen. Das heißt, ich würde lieber abstürzen als jahrelang vor dem Leben davonzulaufen, in einem wunderhübschen Haus an meinem Vermögen und meinem und dem Funktionieren der anderen ersticken – ich glaube auch nicht, dass der Wert des Lebens darin besteht, möglichst viele Jahre zu leben (wenn es nicht wirklich ein „gelebtes Leben" ist) – ich glaube also, dass ich den schnellen Absturz aus einem „gelebten Leben" den vielleicht vielen Jahren eines auf meine Funktion reduzierten Lebens vorziehen würde.
Nun: ich freue mich, dass man mich für dieses Stipendium ausgewählt hat und würde mich auch freuen, mit dieser meiner Arbeit einige meiner per Fragebogen oder direkt angesprochenen Dialogpartner so überzeugt zu haben, dass diese, aufgrund meiner Idee (siehe oben) weniger zu arbeiten bräuchten, sich der Kultur, den anderen Menschen, oder ihrer Freizeit = Frau/Mann/Liebe mehr zuwenden könnten, da sie dann ja mehr Zeit hätten und vielleicht sogar die Zeit, sich für meine Arbeit zu interessieren und diese gegebenenfalls finanziell fördern würden. Das wäre doch ein schönes Ergebnis dieser nun stattgefundenen Begegnung der beiden Sphären „Wirtschaft und Literatur".
Zum Schluss noch einer meiner Lieblingssätze von George Bataille:
„Die Freiheit ist nichts, wenn sie nicht diejenige ist, am Rande der Grenzen zu leben, wo jedes Verständnis sich zersetzt". Histoire des rats*
Die mit * bezeichneten Zitate von G. Bataille sind aus „George Bataille, Eine Thanatographie" Band II entnommen.

FRAGEBOGEN
Geschlecht:
Berufsbezeichnung:

Ausbildung:
1.) Wie ist der Umgang mit Ihren Arbeitskollegen, Chefs?
a) ungezwungen, kordial
b) notwendig, eher lästig
2.) Treffen Sie sich mit Ihren Kollegen auch außerhalb der Arbeitszeit?
3.) Treffen Sie sich mit Ihren Chefs oder „Untergebenen" außerhalb der Arbeitszeit?
4.) Wie finden Sie sich von Ihren Chefs behandelt?
5.) Wie gehen Sie mit Ihren „Untergebenen" um?
6.) Haben Sie guten/schlechten Kontakt zu Ihren ausländischen Kollegen?
a) Welcher Nationalität sind diese?
b) Falls es Probleme im Umgang mit diesen gibt, welche wären das und was glauben Sie, warum diese auftauchen?
7.) Interessieren Sie sich für fremde Kulturen?
a) Welche und warum?
8.) Würden Sie gerne in dieser anderen Kultur leben, wenn Sie könnten?
9.) Fühlen Sie sich „gebraucht" in der Position, die Sie einnehmen oder meinen Sie, Ihren Job könnte jederzeit eine andere Person machen?
10.) Haben Sie Zukunftsängste?
11.) Haben Sie guten, innigen Kontakt zu Ihren Eltern?
12.) Haben Sie schlechten Kontakt zu diesen und warum, denken Sie, ist das so?
13.) Würden Sie für diese sorgen, wenn es soweit kommt?
14.) Haben Sie ein Verhältnis zu Ihren türkischen Mitmenschen und welches?
15.) Leidet Ihr Familienleben unter Ihrer Arbeit und warum?
16.) Was tun Sie in Ihrer Freizeit, bzw. haben Sie eine?
17.) Wären Sie gerne eine dieser Filmhelden, z. B. ein Westernheld, ein Mafiaboß oder eine berühmte Sängerin o. ä.?

18.) Was glauben Sie, ist „Phantasie“?
19.) Was glauben Sie, ist „Romantik“?
20.) Wussten Sie, dass Österreich einige Literaten von Weltruhm hervorgebracht hat?
21.) Wissen Sie, wer Ludwig Wittgenstein ist?
22.) Interessieren Sie sich für Kunst, Musik, Literatur, Theater?
23.) Gehen Sie manchmal ins Konzert oder ins Theater oder zu öffentlichen Lesungen?
24.) Wenn Sie sich nicht dafür interessieren, warum nicht?
25.) Denken Sie, das Leben sogenannter Künstler ist beneidenswert und warum denken Sie das?
26.) Was würden Sie tun, wenn Sie so reich wären, dass Sie nie mehr arbeiten müssten?
27.) Was denken Sie über Zigeuner?
28.) Was denken Sie über Deutsche?

Walter Kohl

Die verloren gegangene Langsamkeit schmiedender Männer

Berichte aus einem unösterreichischen österreichischen Unternehmen

EINS

„Kapfenberger Edelstahl,
Täglich Brodt, uns Allzumahl"

Dunkles Metallschild an der Ziegelmauer der Industriehalle, dunkle erhabene Buchstaben, kaum zu lesen, erfordern ein Nahe-Herantreten. Ist keine Industriehalle, sagt der Begleiter, ist eines der ältesten Gebäude auf dem Gelände. Der Erlachhammer. Stammt von 1446. Das steht auf einem Schild darüber, die zwei Vierer in seltsamer Schrift, sehen aus wie horizontal halbierte Achter. 1446, das ist das Jahr, in dem die Hammerwerke erstmals urkundlich erwähnt wurden. Darunter drei ineinandergeschobene Ringe, von links unten nach rechts oben aufsteigend. Ein altes Zunftzeichen.
Die Aufgabe: Schreiben Sie eine literarische Arbeit über den Edelstahlkonzern Böhler Uddeholm. Erkunden Sie Lebens- und Wirkungsfelder im Bereich der österreichischen Wirtschaft durch die ersten Auswirkungen der österreichischen Mitgliedschaft in der EU. Vermitteln Sie Lesern im In- und Ausland Eigenarten österreichischen Wirtschaftens (Stärken, Schwächen, Mentalitäten). Schreiben Sie einen poetischen Text über ein Stahlwerk.
Der Leiter der Böhler Schweißtechnik lacht. Früher sei das einfach gewesen, grinst er, Poesie und Stahl. Feuer, Män-

ner, Höllenlärm. Hephaistos an der Erlach. Eisen und Stahl. Männerschweiß. Arbeitswelt. Rauchende Schlote. Der Rhythmus der Hämmer. Das Stahlwerk als pulsierendes Herz des Fortschritts. Stimmt an das Lied der hohen Braut. Aber jetzt, Ende Januar 1999? Er, der Autor, so der Böhler-Mann, habe ja selbst die Hallen gesehen: riesengroß, hocheffizient, Zweischicht, Dreischicht, aber kaum Menschen. Und kein Hauch von Poesie, oder. Heute also: Seelendraht. Wärmeeinflusszone. Stahlteig. Fülldrahtelektroden. Warmfest. Unlegiert. Korrosionsbeständig. Verschleißfest. Hochwarmfest. UPS. Unterpulverschweißung. MAG. Maschinelle Aktivgasschweißung. Verschleißpanzerung. Und natürlich: Kundenorientiert. Kompetent. Qualitätsbewußt. Poetisch?

Mit Hochofenromantik in Kapfenberg geht das nicht. Der Versuch, einen Großkonzern zu verstehen, beginnt in St. Marx. Beim „overhead". Der Konzernholding in Wien. Draußen, nahe dem einstigen Arena-Gelände, die noch nicht adaptierten Simmeringer Gasometer sind von den Bürofenstern aus zu sehen. Infrastruktur gibt es nicht. Noch nicht, sagt einem jeder. Nur die Kantine im Haus. Ein Büro-Komplex, mit den verschiedensten Unternehmen. Böhler Uddeholm hat zwei Etagen gemietet, den zweiten und dritten Stock. In den Gängen Vitrinen und Podeste mit metallisch kalt glänzenden Beispielen aus der Produktpalette. Halbmeterhohe Ventilstößel für Riesenmotoren. Turbinenschaufelräder. Stahlstücke, in technoid elegante Formen geschmiedet, gepresst, stranggegossen, deren Funktion sich dem Betrachter verschließt.

Gespräche mit den Führungskräften. Sie beschreiben sich und ihre Arbeit.

Wir sind die Apotheker im Stahlgeschäft.

Wir sind kein Riese.

Die Geschäftsführer müssen das Geschäft führen.

Die Holding führt strategisch, finanztechnisch sowie bei Forschung und Entwicklung.
Es ist eine dezentrale, autonome Struktur, von der Holding aus werden gesamtlegistische Fragen behandelt, EU-Fragen und die Software-Vereinheitlichung.
Wir produzieren das, was die Kunden brauchen!
Der Vorstandsvorsitzende, distanziert freundlich, gelassen. Er spricht über die Europäische Union: Gottseidank gebe es Brüssel, denn so würden die größten Dummheiten auf wirtschaftlichem und steuerlichem Gebiet verhindert. Ohne den EU-Beitritt Österreichs hätte Böhler Uddeholm praktische Probleme: Papierkram mit Lieferanten, Konkurrenznachteile auf der Währungsseite, Probleme mit Arbeitsbewilligungen im benachbarten Ausland und bei der Eröffnung von Niederlassungen. Böhler Uddeholm wäre in der Expansion behindert. Man müsse sich nur Schweden ansehen, das nicht am Euro teilnehme: Über Grenzen hinweg handle man lieber mit Ländern, in denen es die gleiche Währung gebe.
Politik und Wirtschaft seien zwei völlig verschiedene Welten, sagt er. In der Wirtschaft gehe es darum, Gewinne zu maximieren, in der Politik Stimmen. Das gehe nicht zusammen. Als die Politik noch mitbestimmt habe, sei die Zielsetzung eine andere gewesen: Beschäftigungsmaximierung. Dann sei die Krise gekommen. Nur durch die Krise habe man damit Schluss machen können. Dass die Verstaatlichte im urkapitalistischen Bereich wirtschaftlichen Handelns zugrunde gegangen sei, sei für viele ein Anstoß gewesen, ein Anfang zu etwas Neuem. Ohne Druck wäre nichts passiert, die Österreicher neigten dazu, nur unter Druck zu handeln.
„Die Österreicher" sagt er, als ob er selbst keiner wäre. Ohne erkennbare Regung erzählt er von der Neustrukturierung. Wie sie das Stahlwerk in Düsseldorf geschlossen ha-

ben. Wie sie das Walzwerk in Hagfors geschlossen haben. Wie es Streiks gab, Mahnwachen, wie die schwedischen Minister angereist kamen. „Aber es musste gemacht werden“, sagt er nach einer Pause, und: „Ich habe nicht gewusst, dass ich so hart sein kann.“

Neoliberale Globalisierung, fragt der Besucher, sind Sie ein Getriebener der Globalisierung? Der Vorstandsvorsitzende bleibt gelassen. In Österreich sei die Gefahr des Neoliberalismus nicht vorhanden. In Österreich könne man gar nicht brutal genug schauen, dass Gewinne gemacht werden. In Österreich bestehe eher die Gefahr, in die Staatswirtschaft zurück zu fallen. Im Gespräch mit Journalisten äußert sich der Vorstandsvorsitzende markig. Von den globalen Fusionen großer Unternehmen profitierten natürlich vor allem die Aktionäre, sagt er, weil ein fusioniertes Unternehmen im Idealfall mehr wert sei. Aber auch die Mitarbeiter, die übrig blieben, profitierten, weil ihre Arbeitsplätze sicherer seien. Volkswirtschaftlich gebe es zwar kurzfristig mehr Arbeitslose, dieses Problem sei aber durch bessere soziale Abfederung in den Griff zu bekommen.

Im Gespräch mit dem Literaten ist der Vorstandsvorsitzende nachdenklich und selbstkritisch. Dass sie, also Böhler, also die Österreicher, beim Aufkauf und Eingliedern von Uddeholm die unterschiedlichen Unternehmenskulturen der verschiedenen Länder total unterschätzt hätten, sagt er: „Wir sind dort ein bisserl einmarschiert! So nach dem Motto – wir sind die Eigentümer, wir schaffen an!“ Und dann: Die Schweden pflegten eher eine Konsenskultur, das sei für die eine Umstellung gewesen.

Der nächste Gesprächspartner, der für Konzernstrategie zuständige Manager, spricht ManagerSprech. Er verständigt die Außenwelt darüber, was der Konzern will, in ökonomischem NeuSprech. Er verwendet Worte wie: Retropolieren. Erklärt auf Nachfrage: Eine Zielposition möglichst genau

definieren und beschreiben, dann überlegen, wie man hinkommt. Statt Diversifikation Spezialisierung. Böhler Uddeholm wolle in Nischen stark sein. In jeder Nische gebe es folgendes Ziel: Weltmarktführung oder unter den ersten drei des Weltmarktes sein. Wenn das nicht gelinge, werde das Unternehmen verkauft. Das Abgehen von der Diversifikation sei eine logische Entwicklung. Weil der Aktionär etwas haben wolle, das er klar zuordnen und einteilen könne.
Man müsse auf die Jungen setzen, sagt er. Und obwohl er es im ökonomischen NeuSprech ausdrückt, schimmert die kalte Brutalität neoliberalen Wirtschaftens durch: „Ich habe Arbeit für 1.000 Leute – also nehme ich jene 1.000, die langfristig am besten für mich sind. Für die anderen haben Strukturpolitik und Regionalpolitik zu sorgen." Ein einfaches Rezept. Privatisiere den Nutzen, verstaatliche den Schaden.
Anders gehe es nun einmal nicht, sagt der Konzernstratege. Man möge sich Uddeholm anschauen, wo man nicht auf die Jugend setze. Das ganze Värmland sei einmal Uddeholm-Land gewesen. Dann sei die Mitarbeiterzahl drastisch reduziert worden. Heute gebe es vom einstigen Herz des Värmlandes nur noch das Stahlwerk, und das befinde sich in ausländischen Händen. Vorher seien einige Sanierer am Werk gewesen, die wie Schrotthändler operiert hätten, die hätten alles versilbert, was halbwegs Wert gehabt hatte. Die Mitarbeiter hätten dabei ohnmächtig zugesehen. Und dann habe Böhler aus der Wagenburg Hagfors das Walzwerk herausgeschnitten.
„In Hagfors werden Sie sehr viele alte Mitarbeiter sehen", sagt er, „die trauern der Vergangenheit nach, pflegen eine resignierende Haltung." Das sehe man schon an der Einrichtung der Büros. „Bei uns" sei es in den 70er Jahren das Gleiche gewesen, die Alterspyramide habe sich nach oben verdickt, wegen der Aufnahmestopps in den Krisenzeiten.

Der Schnitt mit den Frühpensionierungen habe es möglich gemacht, wieder Junge reinzunehmen. In Kapfenberg bevölkern tatsächlich nur junge Arbeiter die Hallen und Werkstätten. Die Büros sind hoch modern eingerichtet.
Es sei das Ganze ja so unheimlich menschlich, sagt der Stratege unvermittelt am Schluss des Gesprächs. Der Erfolg eines Unternehmens spiegele sich in der Qualität der Beziehungen zu den Kunden und zu den Mitarbeitern. Wieviel es doch ausmache, wie die Menschen miteinander auskämen. Stabilität und Berechenbarkeit, das seien die wichtigen Faktoren. Im Falle der Konzernholding gebe der Vorstandsvorsitzende den Investoren und den Direktoren, die unter ihm tätig seien, Stabilität und Berechenbarkeit.
No answers. Keine Antworten. Das Singsang-Gemurmel aus dem Autoradio während der Fahrt nach Kapfenberg klingt wie eine Verhöhnung. Im Kassettenfach die Stimme von Jack Bruce. Michael Mantlers, Carla Bleys und Don Cherrys Jazzmeditation zu Beckett-Texten. Eine endlose Litanei singt der Sänger vor sich hin, und wie war das dann, singt er, und der Schlamm, und die Dunkelheit, und immer wieder die lapidare Antwort: „No answer!" Zwischen Kirchdorf und Liezen Schneegestöber, der Schnee bleibt liegen auf der Fahrbahn.
Im Lift des Zentralgebäudes auf dem Kapfenberger Werksgelände ein Schild: „Spruch der Woche: Für den ersten Eindruck gibt es keine zweite Chance." Das hänge nun schon einige Wochen, wenn nicht Monate, sagt der Begleiter, müsse man wohl wieder wechseln. Werde er veranlassen. Im Büro der Kommunikationsabteilung ein Plakat mit dem Satz: „Stahl hat Seele". Im Flur der Führungsetage dieselben Turbinenschaufeln und Edelmetallstäbe und überdimensionalen Ventilstößel und Plakate aktueller und vergangener Werbekampagnen wie in den Fluren der Chefetage der Holding in Wien. Und unter einem Glassturz ein großes silbrig

metallisch glänzendes Ding. Teil aus der Treibstoffzufuhr für Ariane-Raketen, gefertigt aus Böhler-Stahl.

„Völlig losgelöst von der Erde", heißt dazu ein ausführlicher Beitrag in special steel, der dreisprachigen Mitarbeiterzeitung, und: „Böhler-Uddeholm-Produkte erobern den Weltraum." Dreißig Stück dieser je elf Kilo schweren und 110.000 Schilling teuren Startergehäuse wurden für die Ariane 5 produziert und geliefert, dazu noch 200 Stück für Vorserien und Versuche. Das Teil besteht aus einer nicht magnetischen, korrosions- und zunderbeständigen Nickelbasislegierung, einem Stahl mit dem Namen Alloy 625 Böhler L331 VMR. Einmal explodierte eine Rakete beim Start, die Trümmer rieselten über den Dschungel von Kourou in Französisch Guayana. Man fand das Böhler-Teil vollkommen unversehrt. Stork Product Engineering, die holländische Vertriebsfirma, stellt das Fundstück nun bei Messen aus. Man ist stolz.

Der erste Gang durch das eigentliche Stahlwerk. Überall riesige grauschwarze Kessel mit der Aufschrift 161 VKL Kokillen. Eine Geheimsprache. Eine Kokille ist ein Tiegel aus Eisen, in welchen der Edelstahl gegossen wird und abkühlt. 161 bedeutet, dass die betreffende Kokille 1,6 Tonnen Stahl fasst. Die vor kurzem gefüllten Kokillen stehen in Reih und Glied entlang des von einem Metallgitter gesäumten Besucherweges. Die frisch gefüllten Kokillen glühen dunkelrot in der Werkshallendämmerung, noch aus vier, fünf Metern Entfernung strahlen sie große Hitze ab. Je länger sie abgekühlt sind, desto dunkler ist ihre Rotfarbe, die fast Erkalteten schließlich grau, braun, eisen-schwarz.

Die nächste Halle. Mehrlinienstrangguss, vor zehn Jahren eingeführt, war eine Investition von einer Milliarde Schilling. Sehr wichtige Anschaffung, macht es möglich, den Stahl parallel und gleichzeitig in verschiedenen Formen zu fertigen.

Vor der nächsten Halle ein Schild: „Achtung, starke elektromagnetische Felder. Personen mit Herzschrittmachern ist der Zutritt verboten." Im Winter hätten sie Probleme, sagt der Begleiter, weil wegen der grundsätzlich trockeneren Luft der Wasserstoffgehalt der Luft niedriger sei als im Sommer, und das wirke sich auf die Qualität des Stahls aus. Das müsse stets berücksichtigt werden.

Über Werksgelände und Stadt die Burg Oberkapfenberg. Mehrere Wirte sind nacheinander damit pleite gegangen. Jetzt besitzt die Stadt die Burg und betreibt ein nobles Restaurant. Rittersaalromantik, Schwerter und Hellebarden an den Wänden, Ölbilder von Erzherzog Johann. Am Nebentisch zwei Japaner mit Böhler-Uddeholm-Begleitern, versuchen vergeblich, steirische Spezialitäten auf der Speisekarte in ein verständliches Englisch zu übersetzen. Das meiste erklären sie mit Umschreibungen, nur bei „Holundersaft" müssen alle passen. Der Kellner sieht nach in einem Englisch-Wörterbuch, findet elderberry juice, die Übersetzung von Holundersaft, nicht.

Im Restaurant des Hotels Böhlerstern preist die Speisekarte ein Getränk an, das „Strangguß" heißt. Es handelt sich dabei um einen Wodka Martini. Die Bestandteile eines weiteren Getränks namens „Stahl und Eisen" werden nicht erklärt.

Im Aufgang zum Ballsaal des Hotels Böhlerstern steht in einer Glasvitrine eine Samurai-Rüstung. Stammt noch von den Gebrüdern Böhler. Hat man 1998 erst entdeckt, dass das gute Stück ein Geschenk von Gustav Klimt war. Die Firmengründer waren kunstsinnige Männer. Der Kopf des puppenartigen Gestells, auf dem die Rüstung hängt, ist vornübergekippt, der Helm lehnt an der Glasscheibe. Ein trauriger Samurai. Muss passiert sein, als man ihn fotografierte, erklärt der Begleiter.

Das Zimmer im Hotel Böhlerstern ist überheizt. Aus dem Fenster der Blick auf Industriegebäude, Eisenbahnschienen, die Durchzugsstraße, drüben, auf dem ansteigenden Hang das einstige Böhler-Spital, heute ein privates Rehabilitationssanatorium. Kapfenberg ist Böhler-Land. Böhlerstern heißt das Hotel. Böhler war das Krankenhaus, Böhler war die Buslinie. Davon hat man sich getrennt. Zum Unternehmensziel von Böhler Uddeholm zähle es heute nicht mehr, sagt der Konzernstratege, ein Krankenhaus, eine Buslinie, Mitarbeiterwohnungen zu besitzen. Dies sei nicht die Kernkompetenz.

Kapfenberg ist Böhler-Land, aber weil eine Stadt nicht so einfach schrumpfen kann wie ein Unternehmen, ausgliedern, abbauen, sich auf die Kernkompetenzen zurückziehen, ist Kapfenberg nun viel zu groß. In Spitzenzeiten arbeiteten mehr als 7.000 Menschen in den Böhler-Betrieben, heute sind es insgesamt rund 2.500. Die Stadt ist aber immer noch so groß wie damals.

Ja, Kapfenberg ist ein neoliberalisiertes Globalwirtschaftsland, ein Ort mit zuwenig Menschen, in dem alles viel zu groß ist. Kapfenberg wirkt seltsam überdimensioniert und dabei gleichzeitig leer. Der Sportplatz etwa. Das Stadion, in dem im Sommer internationale Leichtathletik-Bewerbe stattfinden, und in das AS Roma zum Training kommt. Die Römer schätzen die Anlage mit dem unmittelbar daneben errichteten Spitzenhotel, von der Lobby aus können die Sportler direkt in die Schwimmhalle oder auf den Sportplatz gehen. Die ganze Anlage schreiend bunt, „lebendig“ schreien diese Farben, „hier herrscht Leben“, aber es ist nicht wahr, es ist ein Scheinleben, denn auf diesem Rasen, in diesem Stadion, das für den Weltclub AS Roma tauglich und adäquat ist, spielen im Normalbetrieb die Fußballspieler von SV Sparkasse Kapfenberg in der Landesliga gegen Vereine wie Bruck, Kindberg oder Zeltweg, kicken die Kicker von SV Austria Kapfenberg und SC Amateure Kapfenberg in der sogenannten Ersten Klasse Mürz A.

Vor ein paar Jahren war noch Zorn da in Kapfenberg, Wut, Aufbegehren, auch wenn es sich gleich zeigte, dass es ein ohnmächtiges Aufbegehren war. Die Jahre der Krise. Der VEW-Flop. Die Strukturbereinigungen. Die „Freistellungen", also: Massenentlassungen. Die Frühpensionierungen. Die Böhlerianer ballten die Fäuste und bedrängten den ÖIAG-General. Ja, diesen ÖIAG-Chef, der sich umgebracht hat, und der durch die Erinnerungen der Böhler-Uddeholm-Manager und auch anderer Manager aus der ehemaligen verstaatlichten Industrie geistert als jener Mann, der gewusst hätte und hatte, wie es geht, der die Weichen für den Ausweg aus dem Verstaatlichten-Debakel gestellt hatte, aber die Früchte des Erfolgs nicht ernten hatte können. Die sozusagen demonstrierenden Arbeiter umzingelten ihn damals auf der Terrasse des Böhlerstern-Hotels und verlangten Arbeitsplätze, Einkommensgarantien, Sicherheit. Der stand da, wie er oft wo stand, in Linz, oder in Ranshofen bei der AMAG, und versuchte zu erklären. Und dann ließen ihn die Arbeiter, stumm geworden, nicht mehr protestierend, zu seiner Limousine gehen, nachdem er die legendären Worte gesprochen hatte: „Meine Herren, wir sind pleite!"

Jetzt ist diese Wut in Schweden, im Värmland, in Hagfors und Munkfors, bei den Uddeholm-Arbeitern. Allerdings ist sie nicht mehr so groß wie vor ein paar Jahren, bei der Fusion mit Böhler. Die Regionalzeitungen „Wermland Folkblad" und „Nya Wermlandstidningen", die im Värmland erscheinen, schrieben damals gegen alles Österreichische an. Die Restaurants strichen demonstrativ Wiener Schnitzel von den Speisekarten. Die regionalen Radiosender setzten Strauss und Mozart auf schwarze Listen und spielten sie nicht mehr. Es gab Demonstrationen und Kundgebungen.

Uddeholm, das war einmal etwas ganz Großes, erzählt eine Schwedin, die in der Holding in St. Marx arbeitet, von den

Werken lebte nicht nur die Stadt Hagfors, sondern das ganze Värmland. Dann sei es nach und nach kaputt gegangen, die Voest habe bloß noch die Reste gekauft, und bei der Zusammenlegung mit Böhler sei dann noch ein Werk geschlossen worden.

Wieder die „culture gaps“. Wenn es in Schweden personelle Veränderungen bei einer Firma gebe, werde sehr früh die Gewerkschaft informiert. Es gebe laufend Informationen, damit keine Gerüchte aufkämen. Man suche Konsenslösungen. Es gehe von oben nach unten. Entscheidungen dauerten deshalb nicht länger. Der Diskussionsprozess dauere vielleicht länger, aber wenn sich alle einig seien, funktioniere die Umsetzung prompt. In Österreich dagegen entschieden der Chef oder das Management sehr autokratisch und rasch, bei der Umsetzung schleppe sich dann die Sache. Es sei am Anfang schwierig gewesen in Österreich, erzählt sie, die Österreicher hätten sehr zurückhaltend reagiert, als sie, wie aus ihrer Heimat gewohnt, rasch mit jedem und jeder das Du-Wort getauscht habe. Dies bedeute in Schweden nicht so wie in Österreich, dass man nun enger befreundet sei, sondern sei einfach ein Ausdruck von lockererem Umgang. Das Zeichen für Befreundet-Sein sei es, wenn man sich gegenseitig privat einlade. Heute habe sie sich an österreichische Verhältnisse gewohnt.

Die Spannungen zwischen Böhler und Uddeholm, zwischen Schweden und Österreichern sind allgegenwärtig, immer wieder taucht das Thema auf. Man spricht es nur sehr vorsichtig an, denn: Wir sind doch alle Europäer! Die Schweden praktizierten eben einen demokratischeren Führungsstil, heißt es, bis ganz nach unten könnten alle auf allen Ebenen mitreden. Österreicher pflegten einen eher autoritären Stil, abgemildert durch Charme. Aber die Entscheidungen fielen eben oben und würden nach unten durchgegeben. Bei den Schweden sickere das Thema zuerst von oben nach unten

durch, dann werde diskutiert, und dann steige ein allmählicher Entscheidungsvorgang von unten nach oben auf. Aus österreichischer Sicht führe dies dazu, dass „Entscheidungsprozesse unendlich lange dauern.“
Um dem abzuhelfen, hat die sogenannte Personalentwicklung bei Böhler Uddeholm einen hohen Stellenwert, die Job Rotation, länderübergreifend, wird gefördert. „In der heutigen globalen Wirtschaft ist es wurscht, ob ein Schwede in Italien arbeitet, in den USA oder in Österreich.“ Was bei solchen normiert wirkenden Sätzen immer ungesagt bleibt: Diese Mobilität gilt für die Führungsebenen, die versorgt die Firma mit Sprachkursen, Eingewöhnungsphasen, denen sucht die Firma eine Bleibe für die ganze Familie, Schulen für die Kinder, bei Bedarf auch einen Job für die Gattin, damit ihr die Vorortsiedlungseinsamkeit in der Fremde nicht unerträglich wird. Die sogenannten Mitarbeiter, die Arbeiter und Angestellten der unteren Ebenen, die haben sich selbst zu kümmern um Mobilität. Sprich: Wenn ein Werk zusperrt, ist es das private, privatisierte Problem des arbeitslosen schwedischen Stahlarbeiters, sich zu entscheiden, ob er aus dem Värmland, wo es sonst keine Arbeitsmöglichkeit gibt, wegzieht, oder ob er dort den Rest seines Lebens als Sozialhilfebezieher verbringt.
Der endgültige Kommentar zum Verhältnis zwischen den Uddeholm-Schweden und den Böhler-Österreichern findet sich in einem Regal über dem Tresen der Restaurant-Bar des Böhlerstern-Hotels in Kapfenberg. Da steht ein kleiner Plastik-Wikinger mit rotem Vollbart, Hörnerhelm und Eishockey-Dress. Auf der Brust der Mannschaftsname: Wiking Hagfors. Da war einmal die Eishockeymannschaft von Hagfors eingeladen, erzählt der Mann auf dem Barhocker. In der ärgsten Krisenzeit, als die Schweden droben protestiert und demonstriert hätten wie wild. Es gab ein Spiel gegen eine Kapfenberger Mannschaft mit anschließender

Verbrüderung. Sie haben eine Nacht lang gesoffen, der Bürgermeister hat sich formell mit den Schweden verbrüdert, und das war es dann. Jetzt verstaubt der Plastikwikinger zwischen den Weinbrandflaschen. Wie das Spiel damals ausgegangen ist, weiß der Mann auf dem Barhocker nicht mehr.

Die Wut in Kapfenberg ist weg. Die Kapfenberger haben sich drein gefunden. Es ist unmöglich, an einem Wochentagabend in einem Wirtshaus schimpfende Stammtischrunden zu finden, Frühpensionisten, mit gerade 50 Jahren in den Vorruhestand geschickte Männer. Vielmehr grüßen diese Frühpensionisten, die Böhlerianer waren und es in ihrem Sich-als-etwas-Fühlen immer noch sind, obwohl sie Böhler nicht mehr brauchen konnte, diese Männer zwischen 50 und 60 grüßen den aktiven Böhlerianer an der Bar des Böhlerstern und auf der Straße mit aller Freundlichkeit, erkundigen sich nach dem Stand der Dinge im Werk, plaudern mit erkennbarer Lust über aktuelle Ereignisse in der Firma, sind sichtlich stolz auf den derzeitigen ausgezeichneten geschäftlichen Erfolg des Unternehmens.

Genaugenommen gibt es im Zentrum von Kapfenberg gar kein Arbeiterwirtshaus, nur ein paar Pubs, in denen junge Burschen Plastikpfeile gegen elektronische Dartboards werfen und laute Musik es unmöglich macht, die Gespräche der Menschen wahrzunehmen, und meistens führen sie ohnehin keine Gespräche, sondern schreien sich gelegentlich ein paar Worte zu. Nix los da, sagt einer, wenn man Unterhaltung wolle, müsse man nach Bruck.

In Bruck an der Mur dann tatsächlich Leben, Menschen auf den Straßen nach acht Uhr abends, eine Beislszene, Wirtshäuser. Im Zeitungskiosk am Bahnhof drängen sich ein paar junge Mädchen, Schülerinnen, die auf einen Regionalzug warten. Sie plaudern mit der Verkäuferin, wollen nichts kaufen. Sind hereingekommen, um den jungen Burschen auszuweichen, die draußen in der Schalterhalle Passanten anpöbeln. In einem Wirtshaus nahe dem Bahnhof dann die „typischen" Arbeiter beim Bier. Sie schimpfen nicht über schlechte Zeiten, Arbeitgeber, zunehmenden Leistungsdruck, das in Wien sitzende Management, sondern unterhalten sich über Franz Fuchs, die bevorstehenden Wahlen im benachbarten Kärnten und die Frauen im allgemeinen.

Ein Unternehmen wie Böhler, das war einmal mehr als ein Arbeitgeber. Ein Böhlerianer zu sein hatte etwas mit Aufstieg zu tun, hatte den Charakter des Besonderen innerhalb der Industriearbeiterschaft. Böhler, das war nicht nur eine „Bude", das war ein identitätsstiftender Faktor für eine Stadt, eine Region, ein Bundesland. Und es war die Möglichkeit, besser zu verdienen als in anderen Betrieben.

Die Identität der Böhlerianer resultiert nun nicht mehr aus der Tradition, aus dem Umstand, jemand zu sein, der zu etwas Festverwurzeltem gehört, zu etwas Dauerndem. „Als Mitarbeiter ist man zufrieden, wenn das Unternehmen Erfolg hat, wenn es eine Perspektive für den Arbeitsplatz und die eigene Zukunft gibt", sagt jemand aus dem Verkauf. Jetzt ist die Firma also für die Mitarbeiter attraktiv, und jetzt sind sie stolz auf sie, wenn und solange sie Erfolg hat. Was eine sehr gefährliche Sache ist, insbesondere in einer zyklischen Branche: Wenn der Erfolg weg ist, ist das Selbstbewusstsein weg, ist der Stolz weg. Und: Ist der Job weg.

In der ersten Nacht in der Mürz-Mur-Furche wächst sich die erste Mutmaßung zunehmend zur Gewissheit aus. Böhler Uddeholm, das ist nicht Kapfenberg. Böhler war Kapfenberg, Böhlerstahl war Kapfenberg, sogar die ungeliebte VEW war Kapfenberg, aber Böhler Uddeholm ist es nicht. Böhler Uddeholm ist kein lokales Unternehmen, und kein regionales, und kein österreichisches. Es ist aber auch

kein Unternehmen, das dabei ist, zu globalisieren. Seine Manager und Arbeiter und Betriebsräte haben keine kleinmütige, also österreichische Angst, im Friß-oder-stirb-Gemetzel der Global Player auf der Strecke zu bleiben.
Böhler Uddeholm IST ganz selbstverständlich ein Global Player, war es immer schon, ist in den Nischen seiner Kernkompetenzen der gefährlichste, vor dem sich die anderen fürchten.
Zurück im Werk. Sind genaugenommen zwei Werke, die alte Böhler mitten im Ort und Deuchendorf draußen auf der Wiese, nahe der Autobahn Wien-Graz. Wieder die Erklärungsversuche der Führungskräfte, erscheinen wie abgesprochen in der Gleichartigkeit der verwendeten Floskeln.
Böhler-Kultur sei marktorientiert.
Die Unternehmenskultur trügen alle vor sich her.
Das wesentliche Element von Management sei Kommunikationsfähigkeit.
Der Manager müsse nicht sagen, wie etwas gehe, er müsse mündigen Menschen die Rahmenbedingungen geben, damit sie es eigenständig erledigen könnten.
Immer weniger Menschen schüfen immer mehr Output.
Zufriedene Kunden seien das primäre Ziel.
Sie verstünden sich nicht als Lieferanten, sondern als Partner des Kunden.
Beim Suchen von Synergien sei es unvermeidlich, dass man Personal reduziere und Standorte schließe.
Nur einmal fällt einer dieser Direktoren und Geschäftsführer und Bereichsleiter aus seiner Sprache hinaus und sagt einen Satz in breitem steirischen Dialekt. In glattem Hochdeutsch beschreibt er mit glänzenden Augen, wie sie hochwertige Zubehörteile für die Luftfahrtindustrie anfertigen. Zum Schluss knurrt er auf einmal trotzig: „Des kaunst in Angola net mouchn!"

ZWEI

„Harte Nahrung, aber gut,
Männerarbeit, Feuersglut."

Machen Sie einen poetischen Text!

Der Versuch, über Arbeitswelten zu schreiben, ist im Falle von Böhler Uddeholm ein Schreiben über eine menschenleere Welt. Oder beinahe menschenleer. In den Hallen und Lagern in Kapfenberg und Ybbs und Hagfors und Mailand arbeiten Maschinen, Roboter, elektronisch gesteuerte Hämmer, Pressen, Walzbänder, Pulverbeschichtungsmaschinen. Hallen in der Größe von Fußballfeldern mit jeweils nur einer Handvoll Menschen drinnen. Plastikbehelmte Männer in Arbeitsanzügen, blaue Jacken mit der Aufschrift Böhler Uddeholm am Rücken, bedienen die arbeitenden Maschinen. Kaum Frauen, nur an einer Stelle, einem Labor, wo die Qualität fertiger Halbprodukte geprüft wird, einige junge Frauen. In jeder Halle eine Art Glasverschlag mit Schreibtischen, Bildschirmen, Papierkram. Und Kalender an den Wänden mit nackten Frauen. Die Frau des Monats Januar: Eine große dünne Dunkelhaarige mit brauner Haut, eine zu einem Strang zusammengedrehte Kordel weißen Stoffes, wahrscheinlich der hochgeschobene Rock, um den Bauch.

Wenn die Welt des Stahls ohne Menschen auskommt, sollte es vielleicht auch die Literatur versuchen. Poesie ohne Menschen. Also virtuelle Textgenerierungsmaschinen im weltweiten Netz aufsuchen, Programme, die, sobald man ihnen einige Stichworte hinwirft, in Sekundenschnelle kurze Texte auswerfen, auf Wunsch romantisch, poetisch, surreal oder trocken und nüchtern. Also die Worte sammeln, die Böhler Uddeholm ausmachen, die die Manager des Konzerns unabhängig von Standort, Division und Nationalität wie Gebetsmühlenlitaneien aufsagen: Kundeninteresse, shareholder value, Schnellstahl.

Das Programm Cyrano, mit diesen Stichworten gefüttert und auf den Modus „poetisch“ eingestellt, dichtet folgendes: Versprach, ich würde alle Kraft dir widmen – habe ich mein Versprechen nicht gehalten? Mit pochendem Herz und tränendem Auge rufe ich nun die Phantome unserer Schnellstahlstunden, jedes Phantom stimmlos spricht von Schnellstahl. Sie haben Visionen von Laubhütten des Kundeninteresses, in denen ihre Sehnsucht und ihr Liebesverlangen mich bewacht in der Shareholdervaluenacht. Und sie wissen: Niemals strahlt Lust auf den Wert von Shareholder Value, solange die Lust nicht geeint ist mit der Hoffnung, dein Schnellstahl würde befreit aus dunkler Sklaverei.

Im Modus „surreal“ schreibt Cyrano: Du bist Shareholder Value. Ich denke an die Zeit, als ich eine Seemöwe auffliegen sah von deinem Kundeninteresse. Du verwöhntest mich mit deinem Schnellstahl, bis ich meinte, ich sehe dich, Shareholder Value, um den ganzen Äquator geschlungen. Aber der Asphalt glänzt noch immer von unserer Schnellstahl-Liebe.

Sind das versteckte Botschaften, geheime Codes? Oder geht es ins Leere, sinnlose Verstehensversuche, wie jene des Materialprüfers bei der Böhler-Uddeholm-Firma Uddeholm Strip Steel in Schweden, der in seiner Freizeit als Pastor die gläubige Gemeinde seines Wohnortes Sunnemo betreut, und der im verbleibenden Rest seiner Freizeit geheimen Codes im hebräischen Text der Bibel nachforscht. Weil er zufällig entdeckt hat, dass im Ersten Buch Mose der Name Israel in jedem siebenten und fünfzigsten Buchstaben kodiert ist. Nun meint er, dass im 17. Vers von Kapitel 15 des Ersten Buches Mose die Ermordung Yitzhak Rabins vorausgesagt wurde: lapid esh esh ra berabin. Lapid = Fackel, Feuerstab, also Feuerwaffe; esh esh = Feuer, Feuer, also zwei Schüsse, die Rabin trafen; ra = Schmerzen; berabin = in Rabin. Sinnlose Sinnsuche? Oder gibt es Botschaften? No answer.

Nächster Anlauf. Besuch bei der Vertriebsstelle des Böhler-Uddeholm-Konzerns in Mailand. Exemplarisch für das weltweit operierende Vertriebsnetz, weil exzellent geführt und von perfekter Logistik gesteuert. Kurze Fahrt vom Flughafen zur Böhler-Vertriebsstelle in einem gemischten Wohn- und Siedlungsgebiet. Unter einer Reihe von Plakaten, circo di mosca, ein Zucchero-Konzert, ein Ipnosia-Kongreß, steht reglos ein Mann, der aussieht wie Franz Fuchs. Erschreckende Ähnlichkeit, erschreckend für einen Österreicher, dem in diesen Tagen aus allen Radio- und Fernsehkanälen das „Nein danke!" entgegengellt. Fast noch im Zentrum liegt das Vertriebslager. Hier fahren die kurzen, wie 100 Jahre alt aussehenden orangegestrichenen Straßenbahngarnituren, die stahlgenieteten. Weiter draußen sind moderner aussehende Züge eingesetzt, die wegen ihrer Länge die engen Kurvenradien im Zentrum nicht bewältigen können.
Der Niederlassungsleiter ein kultivierter, die Literatur liebender, fünf Sprachen fließend sprechender Mann von Weltläufigkeit. Sein Credo: Die Industrie müsse geführt werden von Persönlichkeiten, unabhängig davon, wer der Eigentümer sei.
Die Führungskräfte haben sich selbst eine Art Gesetzestafel geschrieben, einen Pentalog. Fünf Gebote sind es, gerahmte Kopien hängen im Verwaltungstrakt in jedem Raum, immer wieder auf den Fluren und im Lager. Fünf Gebote auf italienisch und englisch. Mit „Ci impegniamo" beginnt jeder Absatz, und in der Übersetzung mit „We untertake towards". Wir verpflichten uns. Das Management verpflichtet sich den Aktionären, den Kunden, den Mitarbeitern, der Unternehmenskultur und einem allgemeinen ethischen Verhalten. Ja, in dieser Reihenfolge: erstes Gebot Aktionär, zweites Gebot Kunde. Und so weiter.
Böhler hat Tradition in Italien. Die erste Niederlassung entstand bereits 1890, in der Via San Vincenzino 5, zwischen

Kathedrale und Börse. Im Büro des Direktors ein Ausriss aus einer Zeitung jener Tage. Eine Böhler-Werbung. Ein Radrennfahrer hat ein Rennen gewonnen, weil er an seinem Rad eine Kette aus Böhler-Edelstahl verwendet hat. Eine lange Tradition bringe Identität, sagt der Direktor, es sei allerdings einiges im Umbruch, Mailand werde immer mehr zum Finanzzentrum, die Industrie und die Kunst des Schmiedens, für die es berühmt gewesen sei, gingen zurück. Vorgesetzte, Angestellte und Arbeiter grüßen einander mit einer eigenen Firmen-Grußformel. „Buono lavoro!“ Ein demonstratives Betonen einer strikten Arbeits-Ethik. Man wünscht sich nicht einen guten Tag, oder einen in irgendeiner Form in die Obhut Gottes empfohlenen Tag, man wünscht sich „eine gute Arbeit“.

Seltsame Erfahrung: Der Eindruck, dass Böhler Uddeholm ein unösterreichisches österreichisches Unternehmen ist, ist am stärksten bei Böhler Uddeholm in Italien, WEIL gerade hier, also außerhalb Österreichs, das Unternehmen noch österreichisch ist. Oder wirkt. Oder zumindest österreichischer ist als die selbe Firma in Österreich. Weil dort, in Mailand, noch etwas von der Gelassenheit zu spüren ist, der Langsamkeit, der Nonchalanche des Managens, wie man sie gemeinhin als „österreichische Art“ beschreibt.

In Wien kalte Effizienz, in Mailand smalltalk auf hohem Niveau. In Wien Global Player, Macher, abgebrüht und unerschütterlich geworden als Überlebende von Verstaatlichtenkrise und VEW-Debakel, in Mailand Bildungsbürger mit Sinn für Kunst, Kultur und gutes Essen. In Wien Geschäftsessen, in Mailand eine dienstliche Besprechung im Büro und anschließend ein ausführlicher Trattoria-Besuch. So sollte eigentlich der „gemütliche Wiener“ mit seinem Heurigen sein, aber die Böhler-Uddeholm-Wiener in St. Marx haben mit gemütlichem Heurigenleben nichts im Sinn, die nüchterne Selbstbedienungskantine im Bürokomplex treibt einen schnell zurück zu Schreibtisch, PC und Telefon. Nur das Stöhnen über das Zigeunerlager unmittelbar unter den Fenstern der Mailänder Firmenzentrale, das sehnsüchtige Warten auf dessen Räumung durch die Stadtverwaltung, das könnte genau so gut in Wien sein.

Das eigentlich Unösterreichische an Böhler Uddeholm ist die Abwesenheit des Gefühls, klein zu sein und deshalb Angst haben zu müssen vor den Großen. Die bisherige Welt sei ein „Haus mit zwei Stockwerken" gewesen, sagt der Futorologe Alvon Tuffler, unten die Agrargesellschaften, oben die Industriegesellschaften, die sich die Macht teilten. Doch nun beginne eine umfassende Umverteilung von Macht, oben drauf entstehe ein drittes Stockwerk, in dem sich Gesellschaften etablierten, die ihre Vorherrschaft, ihre Macht aus dem Faktor Wissen bezögen. Aus dem „Wissen vom Wissen".

Österreichisch wäre es, sich davor zu fürchten, vor diversen Untergängen, von jenem gewachsener Strukturen bis hin zu jenem des Abendlandes zu warnen und letztendlich sich – spät, zu spät, mit anderen Nachzüglern jedenfalls, und immer murrend – doch nach oben in das neue Stockwerk zu begeben. Böhler Uddeholm ist schon im neuen dritten Stockwerk, und darum ist es ein unösterreichisches österreichisches Unternehmen.

Die drei klassischen Produktionsfaktoren Land, Arbeit und Kapital reichen nicht mehr aus für das Heute beschreibende Wirtschaftstheorien. Wissen kommt dazu, und Wissen ist mehr als ein Produktionsfaktor – es ist die dominierende Kraft. Wissen ist der elementare Ersatz für die anderen Werte der Produktion. In neuen Gesellschaften wird wirtschaftliches und politisches Agieren den Charakter eines Spiels haben, eines Wettspiels. Dabei hängt viel, wenn nicht das meiste, von Zufälligkeiten ab. Was bedingt, dass der einzelne sehr große Möglichkeiten der Beeinflussung von großen, ja sehr großen Prozessen hat. Akteure in den neuen Gesellschaften werden jene Menschen sein, die Wissen nützen und es für ihre und in ihrer Arbeit anwenden. Da wird Böhler Uddeholm dabei sein.

Zur gleichen Zeit, an einem anderen Ort. Ted Turner, Besitzer und Chef des die Weltpolitik beeinflussenden US-Nachrichtensenders CNN und Ehemann der Schauspielerin Jane Fonda, wartet in einem abgewohnten Schweizer Hotelfoyer auf eben jene Jane Fonda. Er erspäht die umgeschlagene Ecke eines schäbigen Teppichs, eilt darauf zu, streicht die Falten gerade, damit niemand darüber stolpere. Dem ihn beobachtenden Journalisten erklärt er lächelnd: „Gotta make it better." Im noch nicht eingeschneiten Davos treffen sich die Weltwirtschaftsführer zum World Economic Forum. Sie erheben den Anspruch, ES besser machen zu können, so man sie ließe. „Es" bedeutet in diesem Falle: Alles.

Die Manager von Böhler Uddeholm sind jene, die mit Ted Turner gehen. Sie erheben den Anspruch, es besser machen zu können und zu wollen. Sie stehen nicht bei jener Position, welche Franzosen und Deutsche beim Weltwirtschaftsforum in Davos einnehmen, die mehr Kontrolle und Beeinflussung der Weltfinanzarchitektur wollen. Die Manager von Böhler Uddeholm stehen bei den Amerikanern mit ihrer Präferenz für ungebremsten Kapitalismus. Der US-Schatzminister sagt es deutlich: Wer beim großen Spiel mithalten wolle, müsse sein Wirtschaftssystem auf Marktwirtschaft, freie Märkte, unpopuläre Budgetrestriktionen und günstige Bedingungen für globale Investoren ausrichten.

Unösterreichisches: Üblicherweise ist es „das Ausland", und hier im speziellen sind es „die Deutschen", die österreichische Firmen aufkaufen, die unser Österreicher-Sein bedrohen, die „unsere" Interessen finsteren Firmenzielen opfern, die „unsere" Firmen ja nur kaufen, um sie zu schließen und damit lästige Konkurrenten loszuwerden, die „unsere" Leute auf die Straße setzen und die guten österreichischen Maschinen nach Tschechien/Ungarn/China oder wohin auch immer verscherbeln. Bei Böhler Uddeholm ist es anders. Da sind plötzlich „wir“ diejenigen, gegen die wütende Arbeiter auf die Straße gehen, denen die Lokalzeitungen dubiose, nicht näher erläuterte Marktbeherrschungspläne vorwerfen, gegen die zu kämpfen für Regionalpolitiker eine Stimmengewinn-Garantie bedeutet. Unösterreichisch ist die Haltung von Böhler Uddeholm in dieser Position des Finsterlings: Die Führungsetage jammert nicht über diese Nachstellungen des unfairen, unsachlichen „Auslands“, sondern bleibt gelassen. Zeigt Verständnis für diese ja verstehbaren, nachvollziehbaren, zulässigen Reaktionen. Überlegt, wie man mit einem Mix aus Vernunftgründen und auf Emotion zielender PR-Arbeit gegensteuern könnte.

In Kapfenberg aus heiterem Himmel ein Kontrast zur unösterreichischen Furchtlosigkeit. Bei einer firmeninternen Vortragsveranstaltung für oberes und mittleres Management werden Möglichkeiten und Strategien besprochen, an EU-Mittel für Forschungsprojekte zu kommen. Plötzlich wird es sehr österreichisch: Jammern, Raunzen, Zweifel an der eigenen Leistungsfähigkeit. Derartige Projekte müssen zusammen mit anderen Unternehmen aus einem jeweils anderen EU-Land eingereicht werden. Dabei gilt es, höchst gefinkelt vorzugehen: Die Sache soll Sinn machen und eine tatsächliche Innovation darstellen, sonst verweigert die Fachjury die Anerkennung. Zugleich versucht aber jede Firma, ihr Wissen in jenen Teilbereichen, wo sie einen Entwicklungsvorsprung besitzt, vor dem Förderungs-Partner geheimzuhalten, und sie versucht gleichzeitig, den anderen auszuhorchen und von seinem Entwicklungsvorsprung zu profitieren. Ein sehr kompliziertes Vorgehen ist da notwendig. Ein Mitspieler, der erfolgreich sein will, muss alle legalen und illegalen Zugangswege, Schachzüge, Verwinkelun-

gen kennen, muss fähig und willens sein, den Partner zu umarmen und ihn dabei auszutricksen.
Da können wir nicht mit! Die anderen sind schlauer als wir! Die ziehen uns über den Tisch! Es sprudelt auf einmal aus den Böhler-Leuten heraus, eine ganze Reihe von Wortmeldungen, kein Vertrauen in die eigenen Fähigkeiten, ein dumpfes Sich-Fürchten. Bis dann die Chefs das Wort ergreifen, Ruhe und Gelassenheit verbreitend, es dauert nur ein paar Minuten, bis wieder dieses halb echte, halb in Führungskräfte-Seminaren antrainierte Selbstbewusstsein einsetzt. Das Positive Denken. Wir sind die Master-Player, nicht wir haben Angst zu haben vor dem Ausgetrickstwerden, sondern die anderen!
Eine seltsame Welle von Kleinmut war das, die über die etwa 30 Leute der mittleren Führungsebene schwappt. Schwer zu interpretieren: Ist dies die tatsächliche Befindlichkeit? Sind die zuversichtlichen Sprüche nur das laute Singen eines Kindes im finsteren Wald? Oder ist dieser Anflug von klein und ängstlich Sein ein Akt von Psychohygiene, ein kontrolliertes Ausagieren von Ängsten und Zweifeln, die, sobald nach außen und damit *los* gebracht, den Vorwärtsdrang nicht weiter hemmen sollen und können?
Die Welle von Verzagtheit schwillt ein zweites Mal an, ganz wenig nur diesmal, als es um die Nickelaffäre geht. Die findet statt in Brüssel, in der gesamten EU, nur in Österreich wird sie kaum wahrgenommen. Nickel enthaltender Edelstahl sei Mitauslöser von Nickelallergien und müsse daher aus dem Food-Bereich entfernt werden, fordern Konsumentenschützer. Da geht das Jammern wieder los, über das Lobbying der Ökologie-Aktivisten, über die populistischen Politiker, über die Medien, die komplexe Sachverhalte wie den Standpunkt der Stahlerzeuger wiederzugeben nicht fähig oder bereit seien, sondern sich mit reißerischen Schlagworten begnügten, und reißerischer seien nun einmal die

Argumente der Gegenseite. In diesem Fall kehrt die Ruhe rasch zurück: Selbst aktiv werden, die Initiative ergreifen, offensiv in die Öffentlichkeit gehen, so und ähnlich die Vorschläge, die jedoch alle nicht wirklich greifen. Denn genau genommen ist die Nickeläffäre für Böhler kein Problem – man operiert kaum im Lebensmittelbereich.
Ist die allgegenwärtige Keine-Angst-Position, die we-gotta-make-it-better-Attitüde nur Tünche? Oder ist dieser plötzliche temporäre Kleinmut ein notwendiger Ausbruch von Negativenergie, die raus gehört, gebannt gehört? No answer.

DREI

„Steyrer Ertz und Steyrer Marck
Unzertrennlich rein und starck."

Machen Sie einen poetischen Text!
Dritter Anlauf. Die Sprache erzählt nicht von der Wirklichkeit, sondern von sich selbst. Die Poesie beschreibt nicht ihren Gegenstand, sondern erzeugt ihn. Also einen Stahlkonzern erzeugen in der Sprache: Es waren einmal drei Brüder, Albert, Emil und Friedrich Böhler, die handelten mit Stahl. Die bezogen seit 1870 Stahl aus Kapfenberg und eroberten den Weltmarkt und gestalteten die Entwicklung des Kapfenberger Werkes durch ständige Einflussnahme im Sinne der Kundenerfordernisse mit. Die hatten noch vor der Jahrhundertwende Filialen und Niederlassungen in Straßburg, Moskau, Kopenhagen, St. Petersburg, Paris, Sheffield, Lyon, Brüssel und Riga. Es war einmal die Österreichisch-Alpine-Montangesellschaft, die brauchte Geld und verkaufte am 29. September 1894 ihren Edelstahlbetrieb Kapfenberg an die Gebrüder Böhler. Es waren einmal drei Brüder, die machten 1899 aus ihrer Firma eine Aktiengesellschaft. Und so weiter und so weiter und so weiter. Beteiligungen, Übernahmen, Neugründungen. Boomzeiten in

Weltkrieg Eins und Zwei. Demontagen durch die Besatzungsmacht. 1946 die Verstaatlichung. Zusammenführung von Böhler, Schoeller-Bleckmann und Steirischen Gußstahlwerken zur VEW. Vereinigte Edelstahlwerke. Krise. Erstes, zweites, drittes Strukturkonzept. Auflösung der VEW. Kauf von Uddeholm durch die VA Stahl AG. Neuorganisation der Böhler-Gruppe. Börsegang. Erfolg.

Vergangenheit ist Vergangenheit. Von der jüngsten wird noch gesprochen: „Wie wir wieder Böhler geworden sind, haben alle durchgeatmet in Kapfenberg." „Innerhalb von drei Monaten waren alle VEW-Schilder und Aufnäher und Tafeln weg!" „Als Böhler wieder Firmenname war, war nur noch ein Scherbenhaufen da." „Es hieß schauen, wie kann ich durch Rationalisierungen in die Gewinnzone kommen."

Stolz ist zurückgekehrt. Wie jener von 1928, als die erste vollständig geschweißte Eisenbahnbrücke Europas entstand, jene auf dem Elin-Werksgelände in Weiz, geschweißt mit Böhler-Seelendraht. Heute ist es der Stolz beim Aussprechen der Kundennamen. Ferrari. Airbus. Eurocopter. Rolls Royce. Ariane. Minardi. Boeing. Samsonite. Tornado. Victorinox.

Stolz. Und zugleich der Bruch: Sie sind stolz auf ihren Stahl, der so ausgeklügelt gewalzt, geschmiedet, gegossen, gehämmert, schweißbeschichtet ist, dass er als gesuchtes Vorprodukt für Hightech-Produkte reüssiert, und als Werkzeug für die Erzeugung von Hightech-Dingen wie Flugzeugen, Raumschiffen, Rennautos. Zugleich aber ist dieses höchst qualitative Werkzeug auch die Voraussetzung zur Erzeugung von Lowtech, ja, Lowest-Tech, Stanzmaschinen etwa für Zigarettenschachteln oder zusammenfaltbare Pappkartons, in denen Hamburger über den Ladentisch gereicht werden, oder zum Druckgießen von Petflaschen und Plastikbechern.

Macht dies einen Stahlkonzern aus: „Stahl für Verbindungen in Flugzeugen oder für Triebwerksaufhängungen muss unheimliche mechanische und technische Belastungen aushalten. Das Gewicht, das auf ihm lastet, der Schub, die Temperaturen, die in kurzer Zeit von plus 40 bis minus 50 Grad Celsius reichen. Das Teil darf sich dabei nicht ausdehnen! Der Werkstoff muss alles können!" Oder dies: „ST 37 verformt sich bei einer Streckgrenze von 240 Newton pro Quadratmillimeter, oder, altmodisch ausgedrückt, bei 24 Kilo pro Quadratmillimeter, während hochfeste Stähle eine Streckgrenze von bis zu 890 Newton aufweisen."
Oder die Brüche: Innerhalb des riesigen, von einem Werkszaun umgebenen Firmengeländes in Deuchendorf, ein paar Kilometer vor Kapfenberg, steht rund um das Schweißtechnik-Gebäude ein eigener Maschendrahtzaun. Warum das so ist, kann niemand richtig erklären. Persönliche Animositäten, sagen die einen. Den Schweißtechnikleuten seien die ihnen zugedachten anteiligen Kosten für Portier und Werkschutz für das Gesamtareal zu hoch gewesen; nachdem längere Zeit kein Kompromiss zustande gekommen sei, hätten sie überhaupt darauf verzichtet, mit dem Argument, dass sie keinen Portier bräuchten, sondern sich dies selbst regeln würden, sagen die anderen.
Es schwingt da etwas mit von gerne getrennt Sein, von sich absetzen Wollen von den anderen. Gelegentlich kommen Ansätze von alten Ressentiments hoch: „Die Schweißtechnik warf immer Gewinne ab. Allerdings konnten wir die Gelder, die wir verdient haben, nicht unmittelbar investieren", sagt der Schweißtechniker bei der Erinnerung an die VEW-Zeit. Und der Leiter der Schmiedetechnik erzählt von den Arbeitern und Angestellten, die damals, aus verschiedenen Herkunftsfirmen kommend, zusammengeführt wurden und die nun bei Böhler arbeiten. Die sagen von sich und zueinander heute noch: Du bist Böhlerianer, ich bin Schoel-

ler Bleckmann, du bist Styrianer. Die Vöestler hätten damals gesagt, zu was brauchen wir die Böhler Uddeholm, und die Kapfenberger hätten gesagt, zu was brauchen wir die Böhler Uddeholm Wien. Er selbst ist kein Böhlerianer, sondern kommt von außen, sieht es gelassen, er sagt: „Wenn man neu ist, hat man da keine Emotionen."

Noch eine Trennung. Die Böhlerwelt ist eine Männerwelt. In den Werkshallen sowieso, mit Ausnahme von ein paar sehr jungen Frauen im Versuchslabor. Bei der EU-Informationsveranstaltung, zu der sich die Entscheidungsträger von oberer und mittlerer Ebene des Standortes Kapfenberg treffen, dominieren die Männer. Nur eine Frau gehört zu den Wichtigen, hält einen Vortrag, unterstützt von bunten Bildern und Grafiken, die sie aus dem Laptop auf eine Leinwand projiziert. Sonst nur Männer. Im Saal eine zweite Frau, die helfende Hand. Sie springt auf, wenn der Vortragende nicht gleich den richtigen Lichtschalter findet oder den Overheadprojektor falsch eingestellt hat. Die andere Frau, die wichtige, die vortragende, ist gekleidet wie ein Mann, frisiert wie ein Mann, spricht, geht, steht, sitzt wie ein Mann.

Letzter Anlauf. In einer Halle in Kapfenberg stehen Ventilstößel für Schiffsmotoren, riesig, etwa zwei Meter hoch, mehr als armdick, der Teller unten hat einen Durchmesser von einem halben bis dreiviertel Meter. Ein Berg von Befestigungsklemmen für Seilbahn-Seile liegt neben einem Haufen von Vorprodukten für Rotorhalterungen. In flachen Kisten Turbinenflügel, aufgestellt wie die Skier an der Außenwand einer überfüllten Skihütte. In großen grob gezimmerten Holzkisten liegen massenhaft Hüftgelenksimplantate, die Rohlinge, grau bis rostbraun, mit stumpfer Oberfläche. In den Vitrinen auf den Fluren der Chefetagen in Wien und Kapfenberg stehen sie hinter Glas, auf Hochglanz poliert.

Dann die nächste Halle. Die Schmiede. Zuerst klopfen mechanische Hämmer, vier Stück, im Kreis angeordnet, das gelb bis hellrot glühende Stück Metall in eine grobe Vorform. Es erkaltet wieder, wird zum eigentlichen Hammer transportiert, erneut zum Glühen gebracht. Und jetzt findet auf einmal Handarbeit statt, in diesem riesigen Areal voller automatisierter Prozesse, an denen Menschen meist nur durch das Drücken von Knöpfen beteiligt sind, oder durch einfache Hilfsarbeiten, geschieht doch noch Arbeit. Richtige Arbeit. Dreißig Kilo schwer ist das Stahlstück, der Schmied packt es mit einer eisernen Zange, hebt es unter den Hammer, der mit dem Gewicht von Dutzenden Tonnen niederfährt, mit dem rechten Fuß steuert er Beginn und Anzahl der Hammerhiebe, der Hammer schlägt zu, Schlacke spritzt weg wie überdimensionales weihnachtliches Spritzkerzengespritze, der Schmied dreht und wendet den Stahlklumpen, der allmählich die ungefähre Form einer Turbinenschaufel annimmt, oder einer Hubschrauber-Rotorblätter-Halterung, er allein weiß, wann es gut ist, dann zieht er das nun dunkelrot leuchtende Formstück heraus und schwingt es mit einem eleganten Schlenker der Eisenzange hinter sich auf den Boden, von wo es ein Hubstapler aufnimmt und zur neuerlichen Erhitzung und zum eigentlichen Formhammer bringt.

Dort stehen dann die Männer wieder nur als Oberbeaufsichtiger, als Letztverantwortliche neben der Maschine; die eigentliche Feinarbeit, das Verformen des Stahlklumpens in die endgültige Form mit einem einzigen Hundert-Tonnen-Schlag, steuern nun komplexe Computerprogramme.

Die Schmiede erzeugen etwas, sie stellen etwas her mit ihren Händen, ihrer Muskelkraft, ihrem Wissen, das von Generation zu Generation weitergegeben wurde. Daneben die Manager, ein wenig lächerlich mit ihren Krepp-Haarnetzen und weißen blitzblanken Helmen, müssen sich von den Arbeitern hin und her dirigieren lassen, wenn sie im Weg stehen. Sie machen nichts, sie erzeugen nichts, sie verkaufen. In all den anderen Hallen ist es so, dass ein Ruck durch die Arbeiter geht, wenn ein Chef erscheint, einer mit einem sichtlich kaum getragenen Helm, in Anzug und Krawatte, auf einmal wird alles sehr geschäftig und regsam. Nur die mit den Händen arbeitenden Männer, die Schmiede an den gewaltigen Hämmern, die ein dreißig Kilo schweres Stück Stahl mit einer Zange unter das tonnenschwere Hammerwerk halten und es geschickt unter den dröhnenden Schlägen hin und her drehen, diese Männer sind anders. Selbstbewusst. Wenn die Chefs auftauchen, arbeiten sie ohne erkennbare Regung weiter, auf den Gruß des Vorstandsmenschen nicken sie kaum wahrnehmbar, dann wenden sie sich demonstrativ langsam wieder ihrer Betätigung zu. Ihre Langsamkeit ist keine Langsamkeit, die von Faulheit oder Arbeitsunwilligkeit herrührt, sondern eine der Notwendigkeit, sie kommt aus dem jahrhundertelang geübten Bearbeiten von Eisen und Stahl; schnell und hastig vorzugehen, würde den Ausstoß und die Produktivität nicht erhöhen, sondern mehr Ausschuss produzieren.

Die Langsamkeit der Schmiede kommt von ihrem Wissen um ihre Bedeutung und ihr Können. Human Ressource, Humankapital – das sind sie im eigentlichsten Sinne; was sie können und was sie tun, das kann nicht einfach in ein Billiglohnland ausgelagert werden. Das können und wissen nur sie. Und dessen sind sie sich bewusst. Diese nur noch wenigen Schmiede in ihrer schweißtreibenden hochanstrengenden Arbeit, voll gelassenem Stolz und Selbstbewusstsein. Ihre Selbstverständlichkeit, mit der sie arbeiten. Da kommt das tosende Gewusel der neoliberalen globalen Weltwirtschaft auf einmal zur Ruhe. Die vielen vielen formelhaft aufgezählten Wörter der Manager, die Unternehmenskultur beschwören sollen, Effizienz, Kundenorientierung, und so weiter, hier verhallen und verwehen sie, werden unhörbar, oder, wenn sie doch nach wie vor ausgesprochen werden, reduzieren sie sich auf ein Hintergrundgeräusch, ein Geklingel von Lauten, die nichts zu besagen haben.

Das Grundrauschen der Werkshalle. Die gelegentlichen Schreie der Arbeiter, das regelmäßig einsetzende ohrenbetäubende Stakkato-Donnern der mechanischen Riesenhämmer - das ist der Kern dieses weltumspannenden Gebildes namens Böhler Uddeholm. Hier ist der Angelpunkt, um den sich alles dreht.

Schmied sein, das sei etwas, sagt der Vorarbeiter draußen in seinem Büro, genauer, an seinem Schreibtisch in einem Großraumbüro. Das sei noch Arbeit. Da bekomme man noch mit, wie aus einem Brocken Stahl in Form der Kokille, in die er gegossen war, ein Hightech-Produkt werde. Der Schmied, was er selbst auch sei, bekomme dies nicht nur mit, sondern sei derjenige, der dies bewerkstellige.

Der Vorarbeiter ist ein großgewachsener gutaussehender Mann von gelassener Selbstsicherheit. „Etwas Schmieden", sagt er plötzlich, „ist wie eine Geburt." Dann deutet er auf die Wände im Büro. Unterwasseraufnahmen, Korallenriffe, bunte Fische. Sei doch schön, sagt er fragend. Die Besucher nicken. Habe er selbst gemacht. Sei sein Hobby. Tauchen. Malediven, Seychellen, und immer Fotos.

An dieser Stelle der Beobachtung von Böhler Uddeholm beginnt die Sprache ein wenig, die Sprechenden zu verraten. Die Sprache der Global Player ist eine erfundene Sprache, eine Kunstsprache, die bald die Frage erzeugt, aus welchem Grund sie erfunden wurde. Welches Interesse hat jemand daran, etwas zu sagen, dabei aber nicht beziehungsweise nur von ohnehin Eingeweihten verstanden zu werden? Die formelhaften Sätze, in ihrer technoiden, glatten Unantastbarkeit teilen nicht wirklich etwas mit. Oder teilen nur einen Ausschnitt von Wirklichkeit mit, und, auf einer weiteren

Informationsebene, Absicht und Willen des Sprechenden. Das andere, von dem eigentlich die Rede war, ist oder sein könnte, wird ausgeblendet; die Menschen, von denen die Rede ist, kommen nicht zur Sprache. Oder werden eingebunden in formelhafte Sätze wie: „Beim Suchen von Synergien ist es unvermeidlich, dass man Personal reduziert und Standorte schließt.“ Und: „Nicht tarifliche Handelshemmnisse haben sich für Nicht-EU-Mitglieder erhöht.“

Manchmal ist sie leicht durchschaubar, diese Kunst-Sprache, bei Konstrukten etwa wie den „nicht-tariflichen Handelshemmnissen“. Das soll höflich und spöttisch zugleich sein, und es persifliert dabei auch noch den Wortungetüm-Schöpfungsdrang der EU-Bürokratie, dieses Konstrukt zwinkert mit den Augen und sagt unterschwellig, aber sehr deutlich: Die Scheiß-Beamten müssen weg, wenn wir ordentlich wirtschaften können sollen. „Nicht tarifliche Handelshemmnisse haben sich für Nicht-EU-Mitglieder erhöht.“ Anstatt dass sie sagten: Die Zöllner haben seit dem Wegfall der Binnengrenzen nichts mehr zu tun, denen ist fad, darum stürzen sie sich auf jeden, der aus einem Nicht-EU-Land kommt.

Diese Sprache ist ein EconomicSprech, aber kein EconomicNeusprech, weil neu ist da nichts daran, die ständigen Erfindungen von euphemischen und/oder verschiedene Sprachen mischenden Begriffen und Formeln sind neu, ja, aber das Verfahren ist es nicht, und deshalb ist dies ein EconomicAltsprech, oder bestenfalls ein EconomicNeu-Altsprech.

Manchmal verdeckt die EcoTechnoSprache den eiskalten Zynismus der Sprechenden. Wenn etwa ein Ökonom und Nobelpreisträger von „komplementären Maßnahmen des Staates bei der Bildung von Humankapital“ spricht, auf die die Märkte angewiesen seien, und damit die „Verbesserung der Fertigkeiten und die Anhebung der Produktivität von

Individuen“ meint. Würde der Nobelpreisträger nicht den WissenschaftsSprech benutzen, dann müsste er sagen, dass Bildung, Heranbildung eines Menschen in Familie, Schulen, Universitäten, in kulturellen, sozialen und politischen Zusammenhängen nur der „Bildung von Humankapital“ dient, der „Anhebung der Produktivität von Individuen“.

Dieser Satz behauptet den Alleinvertretungsanspruch der die Welt am besten, oder zumindest besser als die Politik gestalten wollenden Wirtschaft. Die Nachwuchskräfte, heute erst Lernende, verschleiern weniger, sprechen eindeutiger. Eine Studentin, Preisträgerin eines Wettbewerbs zum Thema „Kultur und Ethik des Kapitalismus“ schreibt: „Mächtige Verrückte“, landläufig Politiker bezeichnet, rechtfertigten ihr Handeln mit Wirtschaftstheorien, die ihnen „Stimmen in der Luft“, auch Berater genannt, zugeflüstert hätten. Die Welt, in der wir lebten, sei nicht das Modell des perfekten Wettbewerbs, das ohne jedwede Institution auskomme. Darum müssten wir wohl oder übel mit der Präsenz der Politiker in unserer Gesellschaft leben. Ein anderer Preisträger schreibt: Die Voraussetzung der Kultur des Kapitalismus sei die Möglichkeit, soziale Harmonie durch vom Staat unbehinderte Verfolgung von Eigeninteresse herzustellen. Und: Regulierungsmaßnahmen schüfen Eintrittsbarrieren und blockierten die Freiheit potentieller Konkurrenten, Gewinnchancen zu entdecken. Und er beschreibt den sogenannten ethischen Egoismus: Das kapitalistische System, basierend auf Privateigentum und Verträgen, enthalte keine darüber hinausgehende Verpflichtung, die Interessen anderer zu fördern oder die eigenen Interessen zum Vorteil der Gesellschaft zu beschränken. Ende der Zitate.

Wie wird sie sein, die von Politikern befreite, dem freien Spiel des Marktes überlassene, total deregulierte Welt? Wird sie eine schöne Welt? Wird sie eine neue Welt? Oder wird sie die „schöne neue Welt“? No answer. Keine Antwort.

Im Regelfall verschleiert diese Sprache sich und ihre Inhalte nicht aus Tarnungsgründen, es gibt keine großartigen Geheimnisse, die verborgen werden müssten. Es ist eine einfache Tatsächlichkeit, die diese hochartifizielle Kunstsprache bemäntelt, verhüllt, verdrängt: Dass es um ganz banale Dinge geht. Dass ein globaler Konzern mit all seinen Myriaden von Entscheidungsprozessen, Berücksichtigungen, operativen Vorgängen, Befindlichkeiten, dass dieses Riesengebilde sich nicht anders verhält als ein paar Kinder am Schulhof, die verschiedene Fähigkeiten haben und verschiedene Rohstoffe und verschieden viel Geld besitzen, und die beginnen, diese Fähigkeiten und Rohstoffe und Geldmittel so untereinander zu tauschen, dass nach Möglichkeit jeder in einen Besitz- und Möglichkeiten-Stand versetzt wird, der seinen Wünschen am nächsten kommt.
Wenn man die Sprache der Wirtschaftstreibenden länger und in Details gehend abklopft, merkt man, dass sie hohl ist, einer genauen Überprüfung nicht stand hält. Die Wirtschaftstreibenden unternehmen mit hochkomplexen Strategien eigentlich etwas ganz einfaches: Arbeiten. Sie fragen die anderen, oder lassen sie befragen, was sie brauchen, und das stellen sie dann her. Um Einkommen zu haben, Essen, die Blößen Bedeckendes, Behausung. Sie spielen das uralte Spiel: Seid fruchtbar und mehret euch, füllet die Erde und machet sie euch untertan. Das ist der simple Antrieb: Nahrung, Wohnung, Fortpflanzung. Angst eigentlich letzten Endes, die Angst vor der Endlichkeit. Aus dieser Angst heraus türmen sie so ein Riesengebilde auf wie einen weltumspannenden Konzern.
Letzten Endes ist so eine große Unternehmung auch und vor allem eine gigantische Überzeugungsmaschinerie; ständig ist sie imgange und sucht zu überzeugen, den Kunden davon, vorrangig sein Interesse im Auge zu haben, die Mitarbeiter davon, dass die Rationalisierungen und Ertragsstei-

gerungen der einzige Weg seien, um ihre Arbeitsplätze zu erhalten, die Aktionäre und mit ihnen die durch die Medien vertretene Öffentlichkeit davon, dass es dem Unternehmen wohl ergehe und es Gewinne abwerfe und abwerfen werde, so man die Geschäftsführung die Geschäfte weiterhin führen lasse, und sich selbst davon, dass dies alles sinnvoll sei, was man tue.

Vor allem versucht diese Maschinerie sich selbst zu überzeugen, sie entwirft Katechismen, einen Pentalog im Falle Böhler Milano, eigene Kalendersprüche, „Stahl hat Seele“, „Ci impegniamo“. Diese Überzeugungsmaschinerie bedient sich der Spezialsprache, die der Wirtschaft eigen ist, Kundeninteresse, ja, das ist das Um und Auf, Leistungsorientierung, Kernkompetenz, Costumer Value Creation, Kommunikationsfähigkeit, Relationelles Marketing, das Primat des Nutzens der Aktionäre, dafür gibt es kein deutsches Wort, shareholder value ist die weltweit verstandene Formel. Und die einzelnen Unternehmen setzen diese einigen wenigen Grundbegriffe in einer Art zusammen, die für sie spezifisch ist, ihre „Kultur“ ergeben, ihre Firmenidentität, CI heißt das jetzt, corporate identity, und unterscheiden sich so von den anderen oder, in Summe gesehen, doch wieder nicht, weil sie alle die gleichen Begriffe und Worte für sich beanspruchen und damit letztendlich nur ein einziges großes Beschriebenes sind. Für den Einzelbetrieb Böhler Uddeholm haben einige dieser universalen, globalen Worte besondere Bedeutung: Tradition, Kultur, Kundeninteresse, Produkt-Markt-Strategie, Two-Brand-Strategy, Zwei-Marken-Strategie.

Das Beobachten des Funktionierens der Wirtschaftswelt führt schließlich zu einem Innehalten beim Schreiben und zum Versuch der Beobachtung des Schreibens. Eine kapitalistische Gesellschaft fußt auf der Idee des Effizienten, des Machbaren und Nutzbaren. Das Denken des Kapitalismus geht davon aus, das alles Existierende in der Form von Gütern zu betrachten sei, und dass alle Güter massenhaft produziert und reproduziert werden könnten. Die Welt muss produzierbar und reproduzierbar sein, sonst gibt es sie nicht.

Literatur produziert und reproduziert ebenfalls Welt, aber - in aller Regel - nicht massenhaft. Das ist der Unterschied. Es ist wie in dem Koan mit der Frage, ob das Stürzen eines Baumes in einem menschenleeren Urwald von einem Geräusch begleitet sei. Ob ein Geräusch also einen Hörenden voraussetze, um überhaupt vorhanden zu sein. Literatur findet statt, sobald ein Rezipient sie wahrnimmt. Edelstahlproduktion findet nicht statt, wenn nur ein Werkzeugmacher ein Kilo Edelstahl erwirbt.

Ein Unternehmen ist eine Struktur, die überzieht und anpaßt und beeinflusst. Ist fast wie ein Lebewesen, das agiert und reagiert. Literatur ist ebenfalls eine Struktur, die überzieht und beeinflusst und beeinflusst wird und sich anpaßt und verändert und aus input A output B macht. Literatur will Welt beeinflussen und bleibt dabei lächerlich unwahrgenommen, wirkungslos. Wirtschaft – und damit also ein Unternehmen – will genaugenommen nur Geld machen, will Menschen ernähren, kleiden, behausen, einige wenige Menschen reich machen. Dabei aber beeinflusst Wirtschaft und damit also ein Unternehmen das Leben und die Welt erschreckend erfolgreich und nachhaltig.

Es ist das Paradoxon von unternehmerisch tätigen Menschen, also Konzernherren, geschäftsführenden Miteigentümern, Führungskräften, dass sie aktive Gestalter sind, zugleich aber auf eine Vielzahl von Außenereignissen, Bedingungen, Voraussetzungen, Situationen reagieren, und zwar mit höchster Feinfühligkeit. Sie haben jede kleinste Veränderung zu registrieren, haben jede Regung bei Kunden, eigenen Arbeitern, Konkurrenten wahrzunehmen und ihr eigenes Handeln in Relation zu diesem komplexen Geflecht von Außenbedingungsveränderungen zu korrigieren. Sie reagieren auf Welt, sind passiv – zugleich aber formen sie Welt, sind aktiv, aktiver als andere Weltformer, aktiver als Kunst, aktiver als Politik, womöglich die aktivsten überhaupt.

Literatur steht da daneben. Sie stellt Zustände fest und reagiert nicht vordergründig und kurzschlüssig auf sie, es gehört nicht zu ihrem Wesen, sie zu verändern zu versuchen. Und wenn sie es versucht, bleibt sie meist erfolglos. Literatur agiert vielmehr ausgehend vom Festgestellten, bewegt aber nichts. Wirtschaft reagiert und setzt Tatsächlichkeiten in die Welt, Kunst agiert und setzt Zeichen in die Welt. Die beiden Bereiche sind einander fremd und bleiben es auch bei einer allfälligen Begegnung. Vorsichtige Zurückhaltung ist die vorherrschende Begegnungshaltung.

Zum Schluss das Hinausgehen aus der heißen, lauten, aber sauberen Kapfenberger Schmiedehalle. Die Langsamkeit, wie jene der schmiedenden Männer in dieser Halle, ist verloren gegangen. Das berufliche Leben, sagt der Vorstandsvorsitzende, sei ganz allgemein durch die neuen Informationstechnologien und durch die Globalisierung der Wirtschaft schneller geworden. Schnelligkeit zähle heute zu einem wesentlichen Wettbewerbsfaktor.

Das Einen-Namen-Haben aus der Arbeit ist vorbei. Das, was lange schon, vielleicht immer schon der wirkliche Beweggrund für Handeln war, hat begonnen, seine Verkleidungen abzulegen und sagt/zeigt, was es wirklich ist und will. Aus dem Dekalog ist ein Pentalog geworden. Das neue erste Gebot teilt nicht mehr mit, dass es nur einen einzigen Gott gebe, das neue zweite gebietet nicht mehr, diesen einzigen Gott zu ehren. Das neue erste Gebot verpflichtet alles Tun dem Aktionärs-Nutzen, das neue zweite dem Kunden-Nutzen.

Machen Sie einen poetischen Text über Böhler Uddeholm. Das geht nicht. Literatur braucht eine Langsamkeit ähnlich der der Schmiede. Neben dem Eingangstor zur Erlachhammer-Halle in Kapfenberg hängt ein Gedicht, in Metall gegossen, an der Wand.

Kapfenberger Edelstahl,
Täglich Brodt, uns Allzumahl
Harte Nahrung, aber gut,
Männerarbeit, Feuersglut.
Steyrer Ertz und Steyrer Marck
Unzertrennlich rein und starck.

Dieser poetische Text hatte die Möglichkeit zur Langsamkeit, doch auch er war nicht imstande, etwas über Stahl zu sagen.

Irene Prugger

Kein Ort mit Namen Anderswo

Literarische Untersuchungen zum Wirtschaftsstandort Österreich am Beispiel der SEZ-Villach

Die Zukunft gehört der Phantasie jedes einzelnen Menschen, bevor sie noch gegenwärtig wird und sich für oder wider die privaten Pläne entscheidet, oder überhaupt alles ganz anders kommt. „Nehmen Sie zum Beispiel mich", scherzt der Manager Joe Smith aus White Plains im amerikanischen Bundesstaat New York, „in meinen Zukunftsträumen bin ich Schriftsteller, weil ich nämlich schon lange eine literarische Figur mit mir herumtrage, die mich fasziniert und die ich gerne einmal zu Papier bringen würde. Statt dessen mühe ich mich mit der Halbleiterei ab und kann fast sicher sein, dass die Figur immer bloß in meinem Kopf nach immer neuen Schaltplänen herumgeistern wird." Joe Smith ist sichtlich gutgelaunt. Als equipment engineer eines führenden amerikanischen Elektronikunternehmens hat er sich in der Villacher Firma SEZ (Semiconductor Equipment Zubehör) ein paar Tage lang ausführlich über neue Spezifikationen des Spin-Etcher informiert, jener revolutionären Maschine zum Nassätzen bei der Chipfertigung, mit deren Erfindung und Entwicklung die Firmengründer Egon Putzi und Franz Sumnitsch eine Marktlücke zur schonenden Behandlung der Wafer-Rückseiten abdecken konnten. Die innovative Idee hat den kleinen, anfänglich nur zögerlich florierenden Zulieferbetrieb für die Halbleiter-Industrie innerhalb der letzten zehn Jahre zu einer international agierenden Firma mit einer höchst erfolgreichen Performance auf der Schweizer Börse und zu einem der Marktführer beim sogenannten „One-sided-single wafer wet processing" hochgebracht. Dabei werden auf den Wafer, einer Siliziumscheibe, Leiterbahnenstrukturen aufgebaut und die überflüssigen Teile entfernt. Bevor Franz Sumnitsch und Egon Putzi ihren Apparat auf den Markt brachten, mussten die Rückseiten der hochempfindlichen Siliziumscheiben, aus denen sozusagen Herz und Hirn eines Computers gebaut werden, kompliziert und kostspielig gereinigt werden. Der Spin-Etcher vereinfacht diese Prozedur, sorgt für eine geringere Ausschussquote und steigert so die Produktivität in der Halbleiterfertigung.

Als weltweit einziger Anbieter der Spin-Etch-Technologie konnte die SEZ in den letzten Jahren mit überproportionalen Wachstumsraten aufwarten und neun von zehn Marktführern der internationalen Elektronikbranche als Kunden gewinnen. Auch das Elektronikunternehmen, in dessen Dienst Joe Smith steht, zählt schon seit Jahren zu den zufriedenen SEZ-Kunden. Weil die führenden Chiphersteller allerdings nur mit wachstumsstarken Zuliefer-Firmen zu kooperieren bereit sind, damit sie über Jahre hinweg auf verlässliche Serviceleistungen zählen können, ist es für die junge Kärntner Firma unumgänglich, weiter zu expandieren. Zu diesem Zweck will die SEZ zusätzlich ein noch gewinnträchtigeres Marktsegment erobern und sich auch bei der Wafer-Vorderseitenbehandlung auf dem Markt positionieren. Dieser Bereich bietet bedeutend größere Umsatzmöglichkeiten: Das weltweite Marktpotential für die Wafer-Oberflächenbearbeitung, insbesondere Ätzen und Reinigen, belief sich 1997 auf rund 2,3 Milliarden Dollar, und davon entfielen 80 Prozent auf das Vorderseitenätzen. Gleichzeitig besteht der Trend in der Halbleiterindustrie, Aluminiummetallisierungen durch Kupfer zu ersetzen. Von diesem Trend will die SEZ durch die Entwicklung neuer Wafer-Reinigungsmaschinen profitieren. Weil sich die Spin-Etch-Technologie auf dem neuen Terrain erst noch profilieren

muss, will jedes Angebot auch von den Einkäufern langjähriger Kunden auf Herz, Nieren und Mikroprozessoren geprüft sein.
Es waren anstrengende Tage für Joe Smith, aber jetzt ist Genießen angesagt. Bevor er am nächsten Morgen mit seinen Untersuchungs-Ergebnissen in die USA zurückfliegen wird, um dort gemeinsam mit den zuständigen Vertrauensleuten die endgültige Entscheidung zu treffen, organisiert die für Verkauf und Kundenbetreuung verantwortliche *sales*-Gruppe von SEZ ein gemütliches Abendessen auf einer urigen Almhütte im Villacher Umland mit anschließender Rodelpartie.
In der vorhergehenden Nacht sind zwanzig Zentimeter Neuschnee gefallen. Der romantische Hohlweg zur Hütte und der sternenbestückte Nachthimmel lassen selbst hartgesottene Manager für kurze Zeit den anstehenden Millionen-Deal vergessen. Vergnügt zieht der beleibte Amerikaner seine Rodel hügelan – kein High-Tech-Produkt, sondern solide Kärntner Handarbeit – und freut sich, dass er ausnahmsweise ein Geschäftsmeeting in saloppper Kleidung, zerknautschter Schildkappe und dicken Stiefeln absolvieren kann. In Managerkreisen gelten ansonsten dunkle Anzüge als unverzichtbares Symbol für Seriosität, weshalb Manager der Halbleiterbranche, die von Geschäftspartnern besondere Vertrauensvorschüsse einfordert, meistens in *sehr* dunklen Anzügen auftreten.
„Sollten Sie also eine fiktive Figur für eine Randgeschichte Ihres Berichtes brauchen, könnten Sie ohne weiteres die meine nehmen oder besser gesagt mich selbst, denn die Figur, die ich im Kopf habe, ist mein literarisches alter ego“, nimmt Smith schmunzelnd das Thema wieder auf. „Natürlich, meinen Namen würden Sie ändern müssen. Sie könnten mich zum Beispiel Joe Smith nennen. Ansonsten können Sie mit mir machen, was Sie wollen.“

Der Anstieg wird steiler, und Joe Smith, sich auf den Weg konzentrierend, vergisst für ein paar Minuten seinen Protagonisten, der auch der meine sein könnte, sollte dieser in entferntestem Sinne etwas mit Technik, insbesondere mit der Halbleiterei zu tun haben.

„Hat ihre literarische Figur etwas mit Technik, insbesondere mit der Halbleiterei zu tun, Mr. Smith?“, frage ich, nun auch schon etwas außer Atem. Aber da wird der Manager in ein anderes Gespräch gezogen. Er ist der wichtigste Mann an diesem Abend in dieser Gruppe von rund einem Dutzend High-Tech-Fachleuten, und er weiß das auch zu genießen. Wie er später nach dem Essen in seiner Dankesrede für die vorzügliche fachkundige Betreuung durch die SEZ-Leute nicht ohne Koketterie und in Anspielung auf den noch ausständigen Geschäftsbescheid sagen wird: „Ich bin nicht die Firma, die ich vertrete, aber ich bin immerhin ein Teil davon.“

Gemäß dieser Position weiß der vife Geschäftsmann seine Informationen teuer zu verkaufen. Ich bekomme die Antwort auf meine Frage wenigstens noch am gleichen Abend während des Anstiegs zur Hütte, die Crew von *sales muss* bis zum Abend des nächsten Tages warten. „Aber es schaut doch alles in allem recht gut aus, nicht wahr, Mr. Smith?“

„I guess, you wanna hear my story“, meint Smith, geschickt vom Zielpunkt meiner Vermutung ablenkend und kneift die Augen zusammen als wolle er in Gedanken den Wert seiner Geschichte bemessen. In diesem Fall geht es nicht um einen Millionen-Deal, in diesem Fall geht es um den blanken Tauschwert von Erzählen und Zuhören. Ich bin ganz Ohr.

„Aber es ist keine lustige Geschichte“, warnt Joe Smith.

Lustig ist sie tatsächlich nicht, die Geschichte des Sanitäters Smith, der zu unzähligen Rettungs-Einsätzen auf den New Yorker Highways gerufen wird. Wenn der Ambulanzwagen am Unfallort ankommt, gibt es in vielen Fällen nur noch tote Menschen aus den Wracks zu bergen. Aber so zerschunden kann ein Auto gar nicht sein, dass nicht oft noch aus dem Autoradio oder dem CD-Player flotte Melodien tönen. Die Unterhaltungsmaschinerie spielt High-Fidelity, die Geräte zeigen ihre Treue zum Konsumenten durch nüchterne Unverwüstlichkeit. Wie aus einem Werbespot für Präzisionsgeräte, kommt es Smith in den Sinn, der sich im Hauptberuf seinen Unterhalt als Vertreter für elektronische Medien verdient: Wenn nichts mehr läuft, wir laufen noch.

Zuerst, sagt Manager Smith, sei Sanitäter Smith geschockt gewesen über den Zynismus des Schicksals, später habe er sich an solche Situationen gewöhnt und auch daran, dass er jedesmal, wenn er einen dieser Schlager hörte, tote Menschen vor Augen hatte, die im Taumel der leichten Muse so unvermutet und grausam gestorben waren. Irgendwann, nach einer Phase des Abwiegens von Pietät gegen Faszination, beginnt Sanitäter Smith die Songs auf Kassetten zu speichern. Diese hört er sich in regelmäßigen Abständen an, oft auch dann, wenn er mit seinem Privatauto auf einem Highway unterwegs ist. Wenn er einen der besagten Unfallorte passiert, wählt er mit einem Knopfdruck die entsprechende akustische Kulisse. „Meistens singt oder summt er auch noch mit", weiß Manager Smith über den Sanitäter Smith zu berichten. Es sind in der Hauptsache gängige Hits, die früher weit angenehmere Assoziationen weckten. „California dreaming", „Good vibrations" und andere Songs aus den roaring Sixties – „happy sound" eben, der immer hilft, das Leben auf die leichte Schulter zu nehmen.

Warum Sanitäter Smith wie unter Zwang diese Kassetten abspielt, kann Manager Smith sich nicht erklären. Um dem Tod auf die Spur zu kommen? Um der drohenden Verhöhnung des Menschen durch die Technik einen Akt des Trotzes entgegenzusetzen? Gute Geschichten machen immer in gewissem Sinne auch ratlos. „Es spielen wohl beide Aspekte zusammen", mutmaßt Joe Smith, der Manager. „Man macht sich eben so seine Gedanken, wenn man ständig mit den Neuerungen der Branche konfrontiert ist und sich in gewisser Weise auch für ihre Auswirkungen mitverantwortlich fühlt. Wo der Mensch die Technik noch hinführen und wie sich die Technik revanchieren wird, ist nicht absehbar. Wir stehen ja eigentlich noch am Beginn dieser spannenden Schöpfungsgeschichte. Aber eines ist gewiss: In einem eventuellen Gewissenskampf zwischen Techniker und Sanitäter ist es immer der Techniker, der dem Sanitäter die Argumente unterschiebt. Dieses Verhältnis prägt die gesamte Branche. Wir rechnen natürlich mit einem Fortschritt im Sinn einer Verbesserung der Lebensumstände. Die Technik hat die rasanten Autos hervorgebracht, aber sie wird auch Systeme hervorbringen, die Unfälle weitestgehend verhindern können oder mit deren Hilfe zumindest mehr Menschen nach einem Unfall gerettet werden können, zum Beispiel durch frühestmögliche Auslösung von Alarmsystemen. Da wir die Probleme lösen oder zumindest zu lösen versuchen, die wir aufwerfen, bestätigen wir uns selbst stets aufs Neue, dass wir mit all unseren technischen Errungenschaften der Menschheit zuhilfe eilen."

Joe Smith hält kurz zum Verschnaufen inne, wischt sich mit einem Taschentuch ein paar Schweißtropfen von der Stirn und schließt in ironischer Tonart an: „Trotz allem sollte natürlich der Aspekt möglicher Verhöhnung nicht unterschätzt werden. Es ist nämlich ein Angsttraum von uns Managern, dass die Industrie, die wir vertreten, ein Liedchen auf uns pfeift, während wir noch für sie unseren Kopf hinhalten oder vielleicht gar schon verloren haben. Zumindest unseren Job, der nicht mehr und nicht weniger wert ist… It was meant for a joke", setzt Manager Smith hinzu, mit einem süffisanten Schmunzeln den Ernst seiner Worte überspielend. Dann bringt er wieder die Rodel auf Zug und marschiert munter weiter.

Die Zukunft gehört der Phantasie des einzelnen Menschen, bevor noch der einzelne Mensch den zur Wirklichkeit verdichteten Phantasien der Mächtigen gehört. Joe Smith ist jetzt bereits in dem Alter, in dem nicht unbedingt die Leistungen der Arbeitnehmer, aber oft genug die Leistungsbeurteilungen der Firma in bezug auf ihre Arbeitnehmer zu wünschen übrig lassen. Jüngere Mitarbeiter kosten weniger, zudem ist ihre Jugend mit allen angepriesenen Vorzügen im Preis inbegriffen. Eine Entlassungswelle hat die Firma erst vor kurzer Zeit hinter sich gebracht, die ein Consultant mit der wenig ermutigenden Aussage kommentierte, die Angestellten seien erst dann richtig „marktgängig", sobald sie verstanden hätten, dass sie sich nicht mehr auf den Betrieb verlassen dürfen, dass also jederzeit Alternativen zum bestehenden Arbeitsverhältnis nötig werden können.
Joe Smith weiß: wenn seine Firma ihn sich weiterhin leisten wollen soll, darf er sich keinen Fehler leisten. Fällt er, was den Millionen-Deal betrifft, seine Entscheidung gegen die Interessen seiner Firma, was nicht unbedingt von vornherein absehbar ist, fällt er diese Entscheidung in weiterer Konsequenz auch gegen sich selbst. Da die Konkurrenz auch im eigenen Team nicht schläft und einige Ingenieure eventuell andere Zulieferfinnen befürworten würden, muss das Ergebnis der Zusammenarbeit zwischen den beiden handelseinigen Firmen letztendlich auch die schärfsten Kritiker und hartnäckigsten Zweifler überzeugen. Aus diesem Grund braucht Joe Smith Geschäftspartner mit absoluter Handschlagqualität, weil keine wie raffiniert auch immer ausgetüftelten Verträge ihm die unbedingte Einhaltung dieser Verträge garantieren können.
Die rasanten Entwicklungen in der Halbleiterbranche machen stetige Grenzgänge am Limit des Machbaren notwendig. Ständig muss darüber entschieden werden, ob es gelingen wird, innerhalb einer festgelegten Frist gänzlich neuen

Anforderungen zu entsprechen, für die es im Moment noch keine Lösung gibt. Joe Smiths Firma zum Beispiel ist dabei, einen neuen leistungsfähigeren marktgerechten Chip zu entwickeln, bei dessen Produktion sich vorläufig noch eine Menge Probleme ergeben. Die Ausschussquote am Ende der Fertigungsstraße ist so hoch, dass die an der Entwicklung beteiligten Techniker witzeln, jeden funktionstüchtigen Chip persönlich zu kennen. Die Entwicklungstechniker von SEZ haben sich jene Probleme bei der Fertigung genau angesehen, die ihre Spezifikation betreffen, und dann die für den Abschluss des Geschäftes notwendige Vorentscheidung getroffen: Sie sagen zu, den Spin-Etcher derart modifizieren zu können, dass er den besonderen Erfordernissen gerecht werden wird. Damit bringen sie nicht nur ihr gesamtes Know-how in den Deal ein, sondern auch ihr Vertrauen in den Teamgeist, in die eigene Kreativität und nicht zuletzt in ihre Kaltblütigkeit, unter Zeitdruck entwicklungstechnische Hochleistungen zu vollbringen.

Joe Smith braucht weit weniger Vorstellungsvermögen, um sich ausrechnen zu können, was passieren wird, wenn die Zulieferfirma, deren Angebotspaket er letztlich nach eingehenden Prüfungen befürwortet, den Vertrauensvorschüssen nicht gerecht werden sollte. Nach digitalem Denkmuster, das selbst die menschliche Seele als ein Gefüge von 0-1-Umwandlungen sieht, welche eben nur auf den Zuständen *ein* und *aus* beruhen, machen nuancierte Erklärungen, weshalb etwas dann doch nicht so eingetroffen ist wie erwartet, von vornherein nicht viel Sinn. Weshalb sollte Manager Smith also ausgerechnet Vertrauen in eine österreichische Firma setzen, eine Firma, deren Führungsriege jener Nation angehört, der – nicht zuletzt aufgrund genüsslicher öffentlicher Selbstanschuldigungen – nachgesagt wird, im Niemandsland zwischen zwei Entscheidungen diplomatisch die Zwischentöne zu forcieren, demnach die Zustände *ein* und

aus entweder ganz zu meiden oder zumindest im Sinne Musil'scher Parallelaktionen ein *sowohl als auch* anzustreben? Glücklicherweise weiß sich Joe Smith als erfahrener Geschäftsmann von derart polemischen Überlegungen völlig frei. Er muss sich bei seiner eventuellen Entscheidung für die SEZ als Zulieferfirma in erster Linie von der Kompetenz und Zuverlässigkeit der Mitarbeiter, aber natürlich auch vom Produkt selbst überzeugen lassen, in diesem Fall eben vom sagenhaften *Spin-Etcher,* dem in der Branche bereits ein ausgezeichneter Ruf vorauseilt und der die Basis für die „Spin Etcher Wet Master Serie" bildet – eine Produktlinie für die dynamische Oberflächenbearbeitung von Wafern im Rahmen der Herstellung von Mikrochips. Österreicher haben diese Produktlinie konzipiert, und in Österreich liegt auch der Hauptsitz des Verkaufs sowie des Forschungs-, Entwicklungs- und Engineering Bereichs der SEZ-Organisation, aber das „typisch Österreichische", falls es das tatsächlich gibt, ist für den Manager Smith ohnehin bloß ein Andenken an außertourliche Erlebnisse und Begegnungen während seiner Geschäftsreise, die in die rein touristische Kategorie fallen, ein rotweißroter Aufkleber am Portfolio des Global-Players, dessen Fächer, wenn es um Unterscheidungen in der Art zu leben, zu arbeiten und Geschäfte zu machen geht, ziemlich breit ausgelegt sind.
Nicht erst seit dem Beitritt Österreichs zur Europäischen Union, sondern vielmehr seit die USA aufgrund der Öffnung der europäischen Ostgrenzen und des Offenbarungseides der Sowjetunion mit der Weitergabe von technologischem Know-how großzügiger agieren können und Österreich nicht mehr wegen seiner geographischen Lage als eine dem Block vorgelagerte Gefahrenzone für illegalen Technologietransfer nach dem Osten angesehen wird, ist es als Partnerland für Geschäfts- und Handelsabschlüsse durchaus genehm und findet großzügig im Fach „West- und Mitteleuropa" seine entsprechende Zuordnung.

Dass diese Einteilung, die empfindliche Leute als schlichtweg grob empfinden könnten, zumindest den Nationalstolz seiner österreichischen Geschäftspartner in keiner Weise schmälert, kommt Joe Smith bei seiner Arbeit sehr gelegen. Man verhandelt sozusagen unter aufgeklärten Erwachsenen, ganz im Sinne eines marktgerechten High-Tech-Produktes, das sich – unabhängig vom Ausgangs- und Destinationspunkt der sich aus dem Handel ergebenden Geldflüsse – dem Konsumenten mit dem Anstrich internationaler, globaler, universaler Gültigkeit präsentieren muss.

Um diesem Vertrauensvorschuss festen Boden zu geben, müssen sich nicht nur die einzelnen Partnerbetriebe des internationalen Handels, sondern sollte sich auch der Wirtschaftsstandort Österreich als aufgeklärt erwachsen beweisen, also am besten nach wirtschaftlichen Aspekten als westmittel-europäisch. Der Osten ist ja noch nicht so weit und muss sich, um den großen Wirtschaftsmächten zumindest über die Schultern schauen zu können, noch angestrengter auf die Zehenspitzen stellen als das kleine und in Sachen Hochtechnologie recht junge Land Österreich, das seinerseits durch den auf den Westen fixierten Blick dem Osten vorläufig noch den Rücken zukehrt, es sei denn, es handelt sich um abtrünnige alte Spießgesellen wie die Ungarn, die man gerne wie „Heimkehrer" zum neuerlichen Schulterschluss einlädt, wenn auch jetzt im Rahmen der Europäischen Union und wenn auch mit der Auflage der geforderten Minimalmarktreife, die dann noch entwicklungsfähig sein muss. Denn dass auch Voll-Mitglieder der Union noch weiter wirtschaftsreifen müssen, zeigt sich nicht zuletzt am Beispiel Österreichs, dessen Bürgerinnen und Bürger sich zumindest nach Ansicht vieler heimischer Wirtschaftsfachleute auch nach dem EU-Beitritt nur zögernd zur Marktreife hochschwingen können, weil es ihnen, wie eben diese Wirtschaftsfachleute argumentieren, an Fortschrittsglauben mangle.

Ein hartes Urteil, denn immerhin sind zumindest bei Meinungsumfragen, die nur ein Dafür oder Dagegen zulassen, die Österreicher, was den wissenschaftlichen Fortschritt betrifft, mit annähernd 52 Prozent Zustimmung „knapp dafür“, also demnach der Meinung, der wissenschaftliche Fortschritt müsse mehr gefördert werden und nur mit Hilfe der Wissenschaft und der Forschung könnten die heutigen Probleme gelöst werden. Ein Ergebnis, das, wie Skeptiker meinen, deshalb mit Vorsicht zu genießen sei, weil von den 52 Prozent der Zustimmenden ein Großteil auch wiederum nur „knapp dafür“ sein dürfte, also jederzeit eines Besseren – sprich Schlechteren – belehrbar, da sich die Zustimmung nicht hauptsächlich auf der Faszination durch wissenschaftlichen Fortschritt und auf der Begeisterung über neue Technologien begründe, sondern vielmehr auf der Forderung, die Wissenschaft, die einen bestimmten Schlamassel angerichtet habe, solle ihn gefälligst wieder mit neuen, verbesserten Methoden beseitigen. Die Sanitäter in den Technikern hält man von ihrem menschenfreundlichen Anspruch her also nicht für unbedingt glaubwürdig, aber man gesteht ihnen immerhin zu, ein geeignetes Mittel zum Zweck zu sein.

In Österreich müssen demnach die Konstrukteure neuer Technologien vielleicht mehr als in hochtechnologischen Vorreiter-Ländern sich dessen bewusst sein, dass sie voraussichtlich die Objekte zukünftiger Empörung produzieren oder mitproduzieren und sie deshalb selbst bei Spitzenleistungen auf dem Gebiet der Forschung und damit einhergehenden internationalen Geschäftserfolgen auf die Anerkennung der heimischen Bevölkerung großteils verzichten müssen. Wer die Liebe der Nation gewinnen will, muss hierzulande seine Leistungen nach wie vor im Spitzensport vollbringen. Andererseits aber können österreichische Technologieunternehmen – von der staatsbürgerlichen Gesinnung

weitgehend unterstützt – getrost „ihre eigene Unentbehrlichkeit reproduzieren", wie der Soziologe Zygmunt Baumann es bezugnehmend auf die globale Technologiesituation ausdrückt.
Die Rahmenbedingungen für dynamisch hochtechnologische Unternehmen wie die SEZ muss der Staat allerdings so strategisch günstig abstecken, dass sich einerseits diese von hohen Investitionen bestimmte Branche so flexibel wie möglich zeigen kann, ohne andererseits die nicht ganz so flexiblen Staatsbürger mit der drastischen Umschichtung altgedienter Strukturen vor den Kopf zu stoßen.
Da die erworbenen Arbeitnehmerrechte im Rahmen des Modells der Sozialpartnerschaft zu den Grundsäulen der Zweiten Republik zählen und deshalb auch Ausdruck des staatsbürgerlichen Selbstverständnisses sind, sieht der Arbeitnehmer eventuelle unter dem Allgemeinplatz „Umstrukturierung" geplante Veränderungen zwangsläufig als Demontage seiner Rechte. Er muss fürchten, der Teller werde zerschlagen, aus dem er isst. Das Kunststück einer gelungenen Umstrukturierung bestünde nun darin, den Teller auszutauschen, und zwar so geschickt, dass der Arbeitnehmer seine Mahlzeit nicht unterbrechen muss und ihm auf dem kleineren Teller die kleinere Mahlzeit (die nach Auskunft der Chefköche nicht unbedingt weniger nahrhaft sein muss) als gleich groß erscheint. Dass bei derart heiklen Manipulationen die Gefahr groß ist, Porzellan zu zerschlagen und Soße zu verschütten, liegt auf der Hand. Die Gewerkschaften sind dem Arbeitnehmer dabei keine leicht durchschaubaren Tischgenossen. Ihre Konfliktscheu im Rahmen des sozialpartnerschaftlichen Systems, noch verstärkt durch das konsenshafte Agieren im Vorfeld des EU-Beitritts und die nunmehr im Bündnis der EU geforderte Einigung auf eine „österreichische" Positionierung, die als eine von fünfzehn Positionen die Standards österreichischer Sozialpolitik ins

europäische Wirtschaftsgefüge einzubringen versucht, hat zweifellos wenig mit ihrer kämpferischen und durchsetzungskräftigen Vorstreiterrolle der sechziger und siebziger Jahre zu tun. Und so sitzen die Gewerkschaften ein wenig kraftlos am gemeinsamen Tisch, während der Arbeitnehmer verunsichert und lustlos im Essen stochert, das ihm die Entwicklung der internationalen Wirtschaftsbedingungen mit Rationalisierungsmaßnahmen, steigenden Arbeitslosenraten, dem stets drohenden Verlust des Arbeitsplatzes und der damit verbundenen Nötigung zum Jasagen und Kuschen ohnedies versalzen hat. Er will zwar mit sich reden, aber sich nicht betrügen lassen, was wohl leichter gesagt ist als getan, wenn man bedenkt, dass der Funktionsmodus der heutigen Weltwirtschaft ebenso wie die sie steuernden Wirtschaftseliten solche staatlichen Organismen begünstigen, die ihren Wirtschaftstreibenden nur wenig Auflagen und Beschränkungen auferlegen.

Die Mächte, die in einem Staat die wirtschaftlichen Rahmenbedingungen abstecken, wissen das nur zu gut und feilschen, in Österreich vorerst noch willig verbrämt mit dem Bekenntnis zum Sozialstaat, um größtmögliche Liberalität. Dabei müssen sich wirtschaftliche und soziale Interessen ja tatsächlich nicht schon bei den ersten Anläufen in die Quere kommen. Mehr Mut zur Umgestaltung könnte durchaus auch Arbeitern und Angestellten Vorteile bringen. Den Anforderungen von Betrieben wie der SEZ kommen zum Beispiel die starren österreichischen Modelle der Arbeitszeitgestaltung auch aus der Sicht der Arbeitnehmer nicht entgegen. Die vorgeschriebene Arbeitszeit gibt einen Raster vor, das den Denkmustern in mehrfacher Hinsicht nicht entspricht. Gemäß diesen Rastern sollten die kreativen Ideen wenn möglich den Ingenieuren innerhalb der Arbeitszeit zuteil werden, damit diese nicht aus dem Versicherungsschutz fallen, wenn sie nach Feierabend noch an der Idee feilen oder eine Arbeitsstunde anhängen, die sie aus Gründen der Regeneration während der Werkzeit ausfallen ließen. Die SEZ würde ihren Arbeitnehmern gern flexible, selbstverantwortete Arbeitszeiten zugestehen, aber der Gesetzgeber besteht auf der korrekten Einhaltung der gesetzlichen Arbeitszeitbestimmungen. Erwägt man den Umstand, dass den Nachbarn der SEZ am Villacher Draubodenweg der Betrieb vor allem dadurch auffällt, dass dort nahezu jede Nacht das Licht in Labors und Büros brennt, kann man ermessen, dass sich die kreativen Ideen und die sie ausprägenden Köpfe nicht an die Begrenzungen halten, und wie fatal sich zum Beispiel auch das Frauen-Nachtarbeitergesetz auf ambitionierte Entwicklungstechnikerinnen auswirken muss. Aus diesem Grund kritisieren viele Unternehmer, insbesondere Vertreter der High-Tech-Industrie – ebenso wie ihrerseits noch unverhohlener Joe Smiths Arbeitgeber in bezug auf die Situation in Amerika – vehement die mangelnde Flexibilität der Gewerkschaften. Diese hielten, so der Tenor, trotz teilweiser Anpassung an die neuen Gegebenheiten noch immer an überholten Modellen fest, wie überhaupt die Österreicher in einer über Jahrhunderte gewachsenen Mentalität obrigkeitshörigen Beamtentums sich zu sehr an die zweifelhafte Sicherheit von Regelungen klammern würden.

Abgesehen davon, dass das Bedürfnis nach strengen gesetzlichen Regelungen auch einem gesunden Obrigkeitsmißtrauen entspringen kann – die alte Herrschaftsformel „wes das Land, des der Glaube“ wird schließlich immer von *oben* vorgegeben und hat ja gerade wieder in diesen von wirtschaftlichen Großkonzernen regierten Zeiten eine absurde neue Gültigkeit erlangt – wird den österreichischen Arbeitnehmern aber immerhin eine hochgradige Motivation bezeugt, was die geistige Flexibilität und den Willen zur Weiterbildung betrifft. Die Ausbildungsqualität der Schul- und Studienabgänger beurteilen Branchenkenner als vergleichsweise hoch, wenn auch da und dort die praxisferne Ausbildung und die absurde Studiendauer mit ihren gigantischen Drop-out-Quoten an den Universitäten bemängelt wird. Um für die Zukunft hochqualifizierte und früh einsetzbare Mitarbeiter in der Nähe zu haben, setzt die SEZ nicht erst bei den Hoch- oder Fachhochschulen an, sondern unterstützt aktiv mehrsprachigen Unterricht bereits in den Unterstufen. Der soziale Friede und die lebenswerte Umwelt machen es auch leicht, zur Verstärkung hochkarätige ausländische Technologen ins Land zu holen und sie zum Bleiben zu bewegen.

In diesem Punkt erweisen sich relativ strenge staatliche Umweltauflagen auch in betriebswirtschaftlichem Sinn als rentabel, weil gutverdienende Fachleute Wohnorte mit hoher Lebensqualität bevorzugen. So nimmt sich die SEZ aus wie eine Vorwegnahme der Auflösung des Nationalstaates oder zumindest wie eine auch in der Praxis funktionierende multikulturelle Gesellschaft, zusammengehalten nicht nur vom übergeordneten System des Kapitalismus, sondern vor allem auch von einer gemeinsamen Leidenschaft, in diesem Fall der Leidenschaft für technische Forschung und Innovation: im Verband mit den heimischen Fachleuten – darunter zahlreichen Schul- und Studienabgängern aus der näheren Umgebung – arbeiten in der SEZ-Villach derzeit Ingenieure aus Deutschland, Großbritannien, Japan, Slowenien, den Niederlanden und Algerien, während die internationale SEZ-Gesellschaft Angehörige von insgesamt 14 Nationen beschäftigt. Geschäftssprache ist auch im Villacher Werk Englisch. Nur die nicht zu verleugnenden Heimwehphasen der Techniker aus den Zweigfirmen in Asien oder den USA, die mehrere Wochen lang zur Einschulung auf den Spin-Etcher und die Spin-Etcher-Wet-Master-Serie im Villacher Hauptwerk stationiert sind, geben Zeugnis, dass selbst für Weltbürger nicht das gesamte globale Dorf Heimat sein kann.

Mit seinem feinen Gespür für den Zynismus zwischen Mensch und Technik und vor allem für den Zynismus zwischen Mensch und Mensch in einer kalten Geschäftswelt hat Joe Smith durchaus ein Auge auf die Bewältigung solcher menschlicher Krisen innerhalb eines Betriebes und überhaupt auf die gesamte Firmenideologie, die hinter dem Produkt steht, das ihm verkauft werden soll. Als Manager einer international agierenden Elektronikfirma kann die Moral neuer Technologien für ihn kein ernsthaft abzuhandelndes Thema sein – er weiß sehr wohl, dass nicht nur beschwingte High-Fidelity-Fans und Benützer von Home-Computern von den Neuerungen profitieren, sondern auch Rüstungsstrategen und – was die Gewinnspannen betrifft – vor allem monopolträchtige Großkapitalisten. Um dieser grundlegenden Ohnmacht zumindest im Rahmen seiner Möglichkeiten entgegenzuwirken, trifft er, ohne sich dessen vielleicht völlig bewusst zu sein, im Kontext einer vorrangig geschäftlichen auch eine moralische Wahl. Wo Motivation im Spiel ist, da ist auch Emotion im Spiel und stehen noch so offensichtlich vernunftgeprägte Entscheidungen an.
Aber selbst die blanke Vernunft plädiert bei der anstehenden Entscheidung für die Einbeziehung der Emotion, für die Berücksichtigung so unsicherer Größen wie zwischenmenschlicher Sympathie und das Gespür für einen vertrauensvollen Umgang im Kollegenkreis: Chiphersteller, die exakt auf ihre Produkte abgestimmte hochspezialisierte Maschinen benötigen, müssen zu diesem Zweck ihren Zulieferfirmen detaillierte Angaben, unter anderem über Material und Aufbau eines noch in Konzeption befindlichen Chip liefern. Das erfordert trotz des obligaten Abschlusses von Geheimhaltungsverträgen und der Auflage, im Werk hochgradig wirkungsvolle Sicherheitssysteme zu installieren, schon in den Vorgesprächen ein hohes Maß an Vertrauensvorschuss. Die Techniker werden sozusagen in neueste

Entwicklungen eingeweiht, die sowohl vor der Öffentlichkeit als auch vor der Konkurrenz dienlichst unter Verschluss gehalten werden müssen, unabhängig davon, ob man sich in weiterer Folge handelseinig wird oder nicht. Die Techniker der Zulieferfirmen können deshalb oft lange, bevor ein Produkt auf den Markt gelangt, bereits abschätzen, welche Partnerfirmen sich mit neuen Entwicklungen voraussichtlich einen Marktvorteil sichern werden. Aus diesem Wissen Kapital zu schlagen, mag oft verführerisch sein, wenn auch der Ruf eines Unternehmens in der ziemlich geschlossenen Familie der internationalen Halbleiterei durch derartige Vertrauensbrüche schnell ruiniert wäre. Insofern ist für die Zulieferfirmen der High-Tech-Industrie ein guter Ruf in der Branche und die Integrität ihrer Mitarbeiter geradezu lebenswichtig.

Joe Smith macht jedenfalls kein Hehl daraus, dass er das Klima in der SEZ für durchaus vertrauenswürdig und kreativitätsfördernd hält. Das hat ja auch die bisherige Erfahrung in der Zusammenarbeit der beiden Firmen gezeigt, weshalb er in den letzten Tagen sehr offen mit den SEZ-Technikern die Probleme bei der Produktion des neuen Chip diskutieren konnte. Vor der Öffnung der Ostgrenzen wäre es Joe Smith nahezu unmöglich gewesen, mit einer österreichischen Zulieferfirma in Verhandlungen zu treten. In ihrer Angst vor illegalem Know-how-Transfer über die Ostgrenze waren die Amerikaner mehr als zögerlich, neue Erkenntnisse in der sich mittlerweile bereits überschlagenden Entwicklung der High-Tech Industrie preiszugeben. Dieser Umstand war nicht zuletzt ausschlaggebend für die Gründung der Firma SEZ, deren Entwicklungsgeschichte mit all ihren Anlaufschwierigkeiten aber auch mit ihrem Hoffnungspotential ebenso die Anfänge der Entwicklungsgeschichte einer österreichischen Halbleiterindustrie mitskizziert: Die Kärntner SEZ-Firmengründer Egon Putzi und Franz Sumnitsch arbeiteten beim steirischen Halbleiterhersteller AMS (Austria Mikro Systeme Int. AG) – jener Firma, die mittlerweile unter anderem dadurch auf sich aufmerksam machte, dass sie im Rahmen der im Jänner 1999 gestarteten NASA-Mission „New Millennium Deep-Space 2" für die Expedition zum Mars zwei Spezialchips beisteuerte – als sie gemeinsam beschlossen, sich mit einer Zulieferfirma für die Halbleiterindustrie selbständig zu machen. Beide Ingenieure hatten jahrelange Erfahrung in der Halbleiterbranche und ihren Beruf sozusagen von der Pike auf gelernt. Franz Sumnitsch hatte eine Lehre als Schlosser mit anschließender Gesellen- und Meisterprüfung absolviert und im zweiten Bildungsweg die Höhere Technische Lehranstalt für Maschinenbau besucht, bevor er bei AMS einstieg und dort den Bereich Technik, Maschinenbau, Automation und Fertigungstechnik mit dem Schwerpunkt Nasschemieanlagenbau leitete. Egon Putzi arbeitete nach Abschluss der Höheren Technischen Lehranstalt für Elektrotechnik zunächst bei der Siemens Bauelemente OHG in Villach im Bereich Dünnfilmtechnik und später bei der AMS als Bereichsleiter der Prozesstechnik und des Sustaining.

In den ersten harten Jahren ihrer Marktpositionierung war die AMS vor allem auf amerikanische Zulieferfirmen angewiesen, welche ihre Equipments zu überhöhten Preisen und mit wenig Bereitschaft zum Austausch von technischem Know-how an die Österreicher verkauften. Die AMS-Leute waren deshalb den Plänen von Franz Sumnitsch und Egon Putzi, sich als selbständige Zulieferfirma zu etablieren, keineswegs abgeneigt. Sie wussten um den brillanten Sachverstand der beiden, trauten ihnen auch einiges an Unternehmergeist zu und außerdem wollte man sich gerne eine preisgünstigere Equipment-Quelle erschließen.

Als Egon Putzi und Franz Sumnitsch 1986 ihr Vorhaben in die Tat umsetzten und mit einem dritten Teilhaber ihre

Firma in einer aufgelassenen Volksschule in der kleinen Kärntner Ortschaft Bad Bleiberg einrichteten, hatten sie allerdings nicht im Sinn, sich auf herkömmliche branchenübliche Zulieferartikel zu beschränken, sondern trugen sich mit der Vision eines eigens zu entwickelnden Produktionsapparates, der ein schon lange bekanntes Problem in der Chipfertigung lösen sollte. Sie merkten jedoch schnell, wie straff die Grenzen um das Land in bezug auf die Verwirklichung neuer Ideen, aber auch in bezug auf die Denkart vieler seiner Einwohner gespannt waren.

Bereits während ihrer Zusammenarbeit bei AMS hatten sie die Konstruktion dieses Apparates erwogen, der eine sanftere Methode bei der Rückseitenbehandlung von Siliziumwafern garantieren konnte. Bei der Nassätzung wurden die hochempfindlichen Wafer bislang einer komplizierten, kostspieligen und vor allem groben Prozedur unterworfen, die sich schädigend auf die Oxydschichten der Oberflächenmuster auswirkte. Franz Sumnitsch: „Wir fuhren bei der Bearbeitung ja sozusagen mit dem Tapetenroller drüber hinweg. Und die Verwendung von Lösungsmitteln beim Fertigungsprozess bescherte uns immense Umweltauflagen. Aber alle machten es mehr oder weniger so. Es war einfach noch keine bessere Methode entwickelt worden." Weshalb Franz Sumnitsch höchstselbst eine bessere Methode entwickelte. Er hatte das Modell einer geeigneten funktionierenden Maschine sozusagen schon dreidimensional im Kopf, das Problem war allein die Umsetzung in die Realität. Aber schon mit der Entwicklung des ersten, auf den Motor eines Kassettenrekorders aufgebauten Prototyps zeigte sich die Möglichkeit, das Nassätzverfahren bei der Herstellung von Halbleitern um vieles vereinfachen und qualitativ verbessern zu können. Sumnitschs frühere Kollegen von AMS zweifelten keinen Augenblick an der Großartigkeit der Idee, aber an deren erfolgreicher Umsetzung, und reagierten zurückhaltend, vor allem bezugneh-

mend auf die eng gesteckten Grenzen eines kleinen Landes, das keinen großen Phantastereien zulässt: „Wenn eine solche Maschine tatsächlich lukrative Marktchancen hätte, wäre sie gewiss schon *anderswo* auf der Welt gebaut worden.“
Egon Putzi war sich dessen keineswegs so sicher, ließ sich auch von der fortschrittsskeptischen Stimmung in einem Land nicht abschrecken, in dem selbst ein Bundeskanzler einmal öffentlich verkündete, dass, wer Visionen hätte, dringend einen Arzt brauche. Egon Putzi glaubte an die Idee, er glaubte ebenso an die Möglichkeit der Umsetzung. Er wollte mit Franz Sumnitsch dieser Maschine im gemeinsamen Betrieb auf die Welt helfen. Der Vorsatz war da, das Geld für die Entwicklung aber nicht. Vielmehr dümpelte die Firma mit der Herstellung von Silizium-Keramiken, insbesondere Polysilizium-Booten (Haltevorrichtungen bei der Wafer-Bearbeitung) bei schwacher Auftragslage am Existenzminimum. Es gab Monate, da der für Verwaltung und Verkauf zuständige Egon Putzi nicht wusste, woher er das Geld nehmen sollte, um den gerade einmal fünf Angestellten ihren Lohn auszubezahlen. Das fehlende Technologieverständnis der Banken, das schwer abschätzbare Risiko und vor allem der Umstand, dass die geforderten Sicherheiten durch persönliche Haftung von den Firmengrundern nicht erbracht werden konnten, erschwerten Aufnahme von Krediten. In diesen mageren Jahren aber prägte Egon Putzi bereits den Führungsstil, der die Firma auch in den späteren fetten Jahren durch Höhen und Tiefen steuern würde. Er legte die Fakten offen auf den Tisch, ließ seine Leute an den Entscheidungen teilhaben und machte keine großartigen Versprechen außer der Beteuerung, dass er noch immer felsenfest an die Idee dieser Nassätzmaschine glaube. Das Team glaubte auch daran, sprang nicht ab und frettete sich trotz aller Schwierigkeiten voll Zuversicht und Selbstvertrauen durch weitere Arbeitstage.

In amerikanischen Aufsteigermärchen wäre das der Zeitpunkt gewesen, da sich die gute Fee in Gestalt eines properen Risikokapitalgebers gezeigt hätte, um gemäß dem Motto „No risk, no fun" die entscheidende Frage zu stellen: „Do you need some money?" Aber im vernünftigen Österreich scheuen selbst die Risikokapitalgeber das Risiko. Ein Grüppchen ambitionierter und talentierter junger Leute, die eine gute, gewinnträchtige Idee zusammenhält, gilt allein noch nicht als investitionswürdig. Junge Unternehmen, die in den Genus von Risikokapital kommen wollen, werden erst peinlich genau auf ihre Marktchancen getestet und müssen den potentiellen Investoren auf Jahre hinaus exakt berechnete Kalkulationen vorlegen, vervollständigt durch Technologiebeschreibungen, Marktrecherchen, Strategieanalysen, Personaleinsatzplanung, Kostenkalkulation und Umsatzprognosen. Aber auch im übrigen Europa war bis vor ein paar Jahren das Gewähren von Risikokapital bei weitem nicht gang und gäbe. Wenn Risikokapital floss, stammte es zumeist aus Großbritannien und suchte den schnellen Gewinn in bewährten Firmen im Familienbesitz, die an die Börse kommen sollten. Nur wenige Kapitalgeber kümmerten sich um junge aufstrebende Firmen, die dank raschen Wachstums Arbeitsplätze schufen.

Die Gründungsleute der frühen SEZ, die ihre ersten Jahresbilanzen unter Ausschöpfung aller kalkulativer Kreativität mit knapper Not auf plusminus Null hinsteuern konnten, warteten demnach vergeblich auf die Fee. Nicht einmal die Gemeindepolitik war bereit, unter die Arme zu greifen. Der Bleiberger Bürgermeister konzentrierte seine ökonomischen Hoffnungen auf den Tourismus und auf die Bleiberger Bergwerksunion – die im übrigen ein paar Jahre später aus wirtschaftlichen Gründen stillgelegt werden musste – und hatte „mit dem neumodischen Computerzeugs" nicht viel im Inn. Einzig ein Villacher Bankenchef setzte so viel Ver-

trauen in das Team, dass er sich bereit zeigte, Kredite in höherem Ausmaß zu gewähren.
Einmal ist es ein Kredit über siebenhunderttausend Schilling, der Egon Putzi zur Unterschrift vorliegt. Da der Jungunternehmer außer der Wohnung, die er mit seiner Familie bewohnt, kein Privatvermögen besitzt, ist die Summe für ihn so erschreckend hoch, dass er eine Nacht lang über der Entscheidung wachliegt, ob er mit dieser Firma unter derart schwierigen Bedingungen weitermachen will. Am Morgen hat er sich entschieden, er geht zur Bank und unterschreibt. Später rechnet er sich aus, wie lange er bei gleichbleibendem Gehalt brauchen wird, diese Summe mit Zins- und Zinseszinsen zurückzuzahlen. Egon Putzi: „Es war fast ein ganzes Leben. Auch eine höhere Summe hätte diese Prognose nicht verschlimmern können. Von da an habe ich die zur Aufrechterhaltung der Firma nötigen Kredite viel leichthändiger unterschrieben."
Dann endlich Aussicht aufs Überleben: Egon Putzi gelingt es, von der Firma Siemens München einen Auftrag für Lieferzubehör im Wert von einer Million Schilling an Land zu ziehen. Er erinnert sich noch heute mit einer leichten Gänsehaut: „Der Liefertermin war eigentlich fast nicht einzuhalten, aber unser kleines Team arbeitete wochenlang wie besessen, ohne Ruhetage. Ein Arbeitsinspektorat hätte uns nicht auf die Finger schauen dürfen, aber auch unsere Mitarbeiter wussten, das war unsere letzte Chance." Die Chance wird genützt, drei Tage vor Ablauf der Lieferfrist liegen die Teile fertig verpackt zur Verfrachtung nach München bereit. Dann stellt sich – kennzeichnend für die Schwierigkeiten der heimischen Industrie in der Zeit vor dem Beitritt zur Europäischen Union – dem bereits sicher geglaubten Erfolg die Bürokratie in Gestalt eines freundlichen aber unnachgiebigen österreichischen Zöllners in den Weg. Die Ausfuhrbestimmungen für High-Tech-Produkte waren vor kur-

zem zur Vermeidung von illegalem Datentransfer geändert worden. High-Tech-Produkte unterlagen jetzt den Bestimmungen eines neuen Ausfuhrplans, und der verantwortliche Beamte wollte sich auf keine Diskussion darüber einlassen, ob Polysilizium-Boote tatsächlich unter die verschärfte Regelung fielen. Im Zweifelsfall wurde eben gegen das exportwillige Unternehmen entschieden und die neue Bestimmung auf den Plan gerufen. Diese beinhaltete unter anderem die Auflage, ein Formular auszufüllen. „Also geben Sie mir bitte das Formular", sagte Egon Putzi gehorsam den Sesam-öfffne-dich-Satz der Bürokratie. Aber das Formular gab es leider noch gar nicht. Es lag bloß ein Auftragsformular für das Antragsformular in der Österreichischen Staatsdruckerei. Auf Anfrage gab man Auskunft, die Formulare seien noch gar nicht gedruckt.

Der Zollbeamte empfiehlt Egon Putzi, sich eben ein paar Wochen bis zur Auslieferung des Formulars zu gedulden. Dieser sieht sich bereits auf den Transportkisten sitzengelassen und mit seinen Polysilizium-Booten untergehen. Ein letzter verzweifelter Anruf beim zuständigen Ministerium bringt dann die Erlösung in Form einer schnell und unbürokratisch vorgenommenen Ausnahmeregelung. Die Lieferung trifft pünktlich bei Siemens München ein. Das Überleben der jungen Firma SEZ ist vorerst gesichert. Und in einer der hinteren Kammern nimmt der Spin-Etcher allmählich eine immer gelungenere Form an.

Wenig später liest der junge Villacher HTL-Absolvent Michael Kuchler im Annonceteil einer regionalen Zeitung die Stellenausschreibung eines Bad Bleiberger Halbleiter-Unternehmens, das einen jungen Techniker als Mitarbeiter sucht. Obwohl durchaus bereits mit der Branche aufgrund regelmäßiger Ferialarbeit im Villacher Siemens-Werk vertraut, hat er noch nie etwas von diesem Unternehmen gehört. Mehr aus Neugier denn aus ernsthafter Absicht auf den ausgeschriebenen Arbeitsplatz meldet sich Michael Kuchler bei Egon Putzi. Siemens hat dem vielversprechenden jungen Techniker bereits eine Stelle nach Ableistung seines Präsenzdienstes angeboten, aber man kann nie wissen, welche Überraschungen die Welt noch für einen selbstbewussten karrierehungrigen jungen Mann bereithält. So macht sich Michael Kuchler eines Tages auf den Weg zum Vorstellungsgespräch, für das er sich ordentlich in Schale geworfen hat: dunkles Sakko, helles Hemd und dezente Krawatte bezeugen gemäß den Branchenregeln Seriosität. In Bad Bleiberg angekommen, fühlt er sich dann doch ein bisschen overdressed. Egon Putzi empfängt ihn im T-Shirt zum ebenso lockeren Einstellungsgespräch, was Michael Kuchler als durchaus angenehm und sympathisch empfindet, aber der Ort und das Unternehmen mit den Firmenräumen in der aufgelassenen Volksschule machen nicht den Eindruck, als böten sie ein gutes Sprungbrett für eine Karriere. Michael Kuchler gesteht Egon Putzi deshalb sofort, dass er ohnedies schon eine Anstellung bei Siemens in Aussicht habe. Die Werkräume lässt er sich trotzdem zeigen.

Dort lernt Michael Kuchler den Konstrukteur Franz Sumnitsch kennen, der ihm die Erfindung erklärt, an der er arbeitet. Später kann der junge Techniker nicht mehr sagen, ob der Konstrukteur oder die Maschine, das Ur-Modell des Spin-Etcher, auf ihn den nachhaltigeren Eindruck gemacht haben. Die Maschine, das ist eine große unförmige Kiste mit Unterteilungen für die chemischen Prozesse und einem mechanischen Herzstück, das einen Greifarm und die Haltevorrichtung für die Wafer-Scheiben umfasst, die der neuen Idee zufolge nun bei der Ätz-Behandlung nicht mehr auf einer festen Unterlage aufliegen, sondern gut geschützt auf einem Sauerstoffpolster schweben sollen. Der Konstrukteur Franz Sumnitsch ist ein großer, schlaksiger, ernsthafter Mann, der

nicht den Eindruck vermittelt, auf seiner Idee des Sauerstoffpolsters über dem Boden der Tatsachen zu schweben. Michael Kuchler, der noch keine Familie zu versorgen hat und sich also das Abenteuer leisten kann, seine Arbeitskraft in den Dienst einer unausgegorenen Idee zu stellen, ist vom Pioniergeist in der kleinen Firma angetan und davon überzeugt, dass es diesem visionären und dennoch bodenständigen Mann gelingen wird, seine Maschine zur marktfähigen Reife zu bringen. Michael Kuchler knöpft sich umgehend den Schlips ab, entledigt sich des feinen Sakkos, krempelt die Ärmel seines Hemdes hoch, stellt sich als Mitarbeiter zur Verfügung und tritt, ohne es noch zu wissen, einen steilen Erfolgsweg mit seinen Arbeitgebern an. Er baut den Außendienst für Europa auf und wird später, als sich die Firma mit ihrer Spin-Etcher-Serie allein auf den Maschinenbau spezialisiert, die *sales*-Abteilung der SEZ leiten.
Es sollte allerdings noch ein paar Jahre dauern, bis sich seine mutige Entscheidung als richtig herausstellte. Bei der ersten Ausstellung des Spin-Etcher auf einer Münchner Elektronikmesse erwies sich die Maschine zuerst einmal nur als reiner Unterhaltungserfolg. Die Leute von AMS waren so freundlich gewesen, ihren ehemaligen Kollegen kostenlos einen Teil des Ausstellungsstandes zur Verfügung zu stellen und kamen somit in den Genus kabarettreifer Vorführungseffekte. Solange die eingelegte Waferscheibe gemächlich in der Haltevorrichtung mit den unflexiblen Greifarmen rotierte, ging noch alles gut, wurde allerdings die Drehzahl erhöht, begann der Wafer derart bedenklich zu eiern, dass die zu Beginn noch sehr an der neuen Erfindung interessierten Zuschauer unverzüglich in Deckung gingen und sprichwörtlich das Weite suchten. Egon Putzi und Franz Sumnitsch packten beschämt ihre Maschine ein und fuhren mit dem festen Vorsatz nach Hause, sich nie wieder öffentlich einer derartigen Blamage auszusetzen. Zwölf Monate später, im

Jahr 1990, hatte der Spin-Etcher nach vier Jahren der Entwicklung eine mobile Haltvorrichtung und die Wafer rotierten auch bei Höchstgeschwindigkeit so sicher und elegant, dass der erste Spin-Etcher an Siemens Villach ausgeliefert werden konnte und bei der neuerlichen Ausstellung auf dem Messestand unverzüglich die Fee der Aufsteigermärchen in Form eines Vertreters von „Venture Capital"-Gesellschaften (u. a. der European Technologie Holding) erschien und für die beachtliche Leistung einen Wunsch mit der an Egon Putzi gestellten Frage „Brauchen Sie Geld, junger Mann?" freigab.

Und ob er das brauchte! Das gewährte Risikokapital in der Höhe von umgerechnet 30 Millionen Schilling bescherte dem Unternehmen die Gelegenheit zu weiteren Investitionen und den Kapitalgebern bislang eine 70fache Vermehrung ihrer Anlegesumme. Noch im Jahr 1990 wurde der dritte Gründungspartner, der sich mit einer eigenen Firma selbständig machte, von Venture Capital Gesellschaften aus Deutschland, Frankreich und den Niederlanden ausgekauft. Ein weiterer Teil der für eine Weiterentwicklung nötigen Investitionen wurde durch Förderungsmittel vom Kärntner Wirschaftsföderungsfonds (KWF), von der Kärntner Betriebsansiedlungs- und BeteiligungsgmbH. (BABEG), vom staatlichen Forschungsförderungsfonds (FFF) und von der Europäischen Union finanziert. In weiterer Folge schaffte das Unternehmen im Jahr 1996 den Börsengang an der Schweizer Börse, die für die Einführung junger Technologieunternehmen besonders attraktiv ist, weil auf dem Schweizer Kapitalmarkt mehr Kapital zur Verfügung steht und außerdem Aktionäre, Analysten und Medien über ein breiteres Wissen im Bereich der Halbleiterindustrie verfügen als zum Beispiel die verstärkt auf den Ostmarkt ausgerichtete Wiener Börse. 1990 wurde die US Tochtergesellschaft SEZ-America Inc. gegründet, 1992 bezog die Kärntner

Firma den neuen Standort in Villach auf Einladung der Stadtgemeinde, die Jahre später im Rahmen der Landesinitiative „Silicon Alps“ der Kärntner Landesregierung und dem Technologieland Kärnten den Aufbau eines Kärntner Elektronik-Clusters ins Auge fasste, also eine Zusammenballung gleichartiger Betriebe mit diversen Zulieferfirmen. Von 1993 bis 1998 kam es zu Joint ventures der SEZ und weiteren Firmengründungen in Japan, Großbritannien und Taiwan sowie zur Installierung von Verkaufsrepräsentanzen in Taiwan, Südkorea und Singapur.

Sieben Jahre nach dem ersten Auftrag für den Spin-Etcher durch Siemens-Österreich hatte die nunmehr internationale SEZ-Gruppe weltweit bereits 300 Spin-Etcher im Einzelwert zwischen zehn und zwanzig Millionen Schilling verkauft. 1998 war die Zahl der Mitarbeiter von SEZ Villach auf 240 angestiegen und aus den mittellosen Unternehmern Egon Putzi und Franz Sumnitsch waren vielfache Millionäre geworden.

Der Spin-Etcher seinerseits glänzt durch immer spezialisiertere Modifikationen, angepasst an die stets neuen Herausforderungen durch die Chiphersteller. 72 Prozent des Umsatzes entfallen nunmehr auf die etablierten Hauptprodukte zur Bearbeitung der Wafer-Rückseiten. 18 Prozent entfallen auf die neu eingeführten Spin-Etcher für die Vorderseitenbearbeitung. Die verbleibenden 10 Prozent werden mit Feldservice und Ersatzteilen erzielt. Innerhalb der nächsten vier Jahre will die SEZ ein jährliches Umsatzvolumen von zwei Milliarden Schilling erreichen.

Nach geographischen Marktsegmenten gegliedert erwirtschaftet die SEZ-Gruppe rund 31 Prozent des Nettoumsatzes in Europa, 40 Prozent in Asien und 29 Prozent in den USA Neun der zehn weltweit führenden sowie alle bedeutenden europäischen Halbleiterhersteller zählen heute zu den Kunden von SEZ. Joe Smiths Firma ist eine davon.

Die gute, durchaus entspannte Stimmung beim gemeinsamen Abendessen auf der Rodelhütte täuscht ein wenig über den Umstand hinweg, wie überaus wichtig der neue Vertragsabschluß für die SEZ wäre. Nach einem Wellental von drei, vier Jahren ist nun wieder ein Aufschwung in der Elektronik-Branche aufgrund einer erwarteten starken Nachfrage nach elektronischen Bauteilen zu erwarten. Der Markt explodiert vor allem im „Home-user"-Bereich durch die Internet-Technologie und die Industrie hat die durch den Marktzyklus erzwungene Pause genutzt, die Technologien in der Chip-Fertigung voranzutreiben. Insbesondere wurden die Dimensionen der Leiterbahnen auf den Halbleitern reduziert. Um die Kapazitäten optimaler zu nutzen, werden nun die Durchmesser der Wafer von 8 auf 12 Zoll erhöht. Höhere Spurdichte und größere Siliziumscheiben verlangen neue Verarbeitungsprozesse, und für Chiphersteller, die einem immer höheren Kostendruck ausgesetzt sind, ist ein immer raffinierteres Equipment vonnöten. Wer nicht rechtzeitig auf den rasenden Zug der neuen Entwicklungen aufspringen kann, wird das Nachsehen haben. Bei der Präsentation der Firma und ihrer Produktpalette kommt es deshalb auf jede Kleinigkeit an.

Aus diesem Grund mag es zwar vielleicht ein wenig übertrieben, aber durchaus verständlich sein, dass die *safes*-Gruppe die freizügig heißen Pin-ups an den Wänden ihrer Büros verkehrt herum hängt oder durch Kalenderblätter mit idyllischer österreichischer Landschaft ersetzt, sobald Joe Smith oder einer seiner Kollegen aus der neuen Welt im Firmengebäude auftaucht. Selbst als aufgeklärter westlich orientierter Mitteleuropäer weiß man ja nie so recht, aus welchen Prämissen ein aufgeklärter Nordamerikaner zur Zeit gerade seine moralischen Schlüsse zu ziehen bereit ist.

Die Rodelpartie in sternenklarer Nacht kann auch als eine Art ausgehängtes Kalenderblatt mit Winteridylle gelten, ein

Date zum Erinnern mit einem Sprüchlein zum Tag, vielleicht gerade jenem, dass die Geschäftswelt hier im Österreichischen zwar hart aber nicht minder herzlich sei. Joe Smith kennt natürlich die Verführungskünste des big business genau und schaut, so weit es ihm eben möglich ist, deshalb auch gern hinter die Deckblätter, wobei ihn weniger der Druck von verborgenen Hochglanz-Pin-ups interessiert, sondern viel eher der Druck, der auf den Mitarbeitern der Firma lastet. Er will wissen, wie damit umgegangen wird. Was nützt Leistungsfähigkeit, wenn die Arbeitnehmer nicht leistungswillig gehalten werden und die Technik, statt den einzelnen in die Gemeinschaft zu integrieren, höchstens zu seiner Isolation beiträgt. Oft genug hat Joe Smith auf seinen Dienstreisen Firmenatmosphären erlebt, die angeschwollen waren von der dicken Luft der Frustration und geprägt vom bedrückenden Klima innerer Kündigungen, auch wenn die Kalenderblätter von gut verträglichen, dynamischen Zeiten kündeten.

In den meisten dieser Fälle zeigten die Chefbüros eine Tendenz zur Entrückung und Sakralisierung. Joe Smith glaubt, eine feine Nase zu haben für die Ausbeutung- und Rationalisierungssüppchen, die hinter verschlossenen Türen von den Chefköchen zusammengebraut werden, während in der Betriebskantine den Arbeitnehmern generös die Wahl zwischen Brühe auf fleischlicher oder Brühe auf pflanzlicher Basis gelassen wird. Alle Arbeitnehmer haben eine feine Nase für diese unter Türspalten hervorquellenden Düfte, aber natürlich ganz besonders die Angestellten der Elektronikbranche, da die Marktchancen auf diesem Wirtschaftssektor dem sogenannten Schweinezyklus unterworfen sind, also einem Teufelskreis von Überproduktion, Überangebot und Preisverfall, ähnlich dem Phänomen, das aus der Tiermast bekannt ist. Solange die Branche sich nicht weltweit geschlossen während der absatzstarken Phasen regulativen

Selbstbeschränkungen unterwirft, schleift jeder Betrieb atemlos am Zügel der freien Marktwirtschaft, um im Wettbewerb um die besten Absatzmärkte im gestreckten Galopp die bekannte Nasenlänge voraus zu sein. Für alle Beteiligten voraussehbar stolpert die gesamte Branche prompt in die Wachstumsfalle. Tritt die Sättigung des Marktes mit Preis- und Gewinnverfall ein, gieren die Investoren und Aktionäre nach Drosselung der Kapazitäten und unverzüglichen Rationalisierungsmaßnahmen. In solchen Phasen des drastischen Personalabbaus haben vor allem in straff hierarchisch organisierten Betrieben jene Angestellten gute Chancen, im Betrieb zu verbleiben, die sich nach den vorgegebenen Schaltplänen richten, nicht aus der Reihe tanzen, nicht querdenken. In einer Welt, die geprägt ist von Rationalität und technischer Logik, ist nur effizient, was oder wer ohne Umwege zum Ziel gelangt.

„In diesem Sinne gleicht die Organisationsform eines Chip der Organisationsform eines Betriebes und diese wiederum gleicht der Organisationsform der Gesellschaft. Der Wunsch, fehlerfreie Maschinen zu erzeugen, macht in diesem System aus der Sicht des Betriebes den Menschen zu einer unsicheren Größe, was vor allem der Arbeitnehmer zu spüren bekommt. Wenn du nicht das Richtige im richtigen Moment machst, bist du ein Störfaktor im Programm“, weiß Joe Smith die Situation zu versinnbildlichen und spielt damit unter anderem auf die straff hierarchisch organisierten amerikanische Modelle der Unternehmensführung an, die sich auch viele europäische Betriebe zum Vorbild nehmen und in deren strenge Raster selbst hochqualifizierte High-Tech-Betriebe und ihre wissenschaftlichen Mitarbeiter gepresst werden. Die dialektisch interdisziplinären Problemlösungsfindungen, also auf gut österreichisch die „Red'n ma uns z'samm!“-Methode, wie er sie zum Beispiel bei der SEZ-Villach vorfindet, muteten Joe Smith bei den ersten Kontakten zwar etwas chaotisch an, haben ihn mittlerweile aber überzeugt: „Denn was wir brauchen, bei aller Logik der Gewinnmaximierung, ist doch Kreativität! Ich meine, ich will mich auf Leute mit der inneren Freiheit zu unkonventionellen Lösungen verlassen können. Um das Unmögliche möglich zu machen, muss das Unmögliche erst gedacht werden dürfen. Und in diesem Sinne, mit Verlaub, sind die Reinräume, in denen unsere Techniker arbeiten, auch Spielräume, wo sie ins Grübeln versinken können wie einstmals als Kind über einem Satz Legobausteine – was auch damals schon am befriedigendsten funktionierte, wenn der große Bruder nicht dauernd dazwischenfunkte."

Natürlich steht es Joe Smith fern, einer geschützten Werkstätte für Denker und Tüftler das Wort zu reden. Ein den Gesetzen der freien Marktwirtschaft unterworfener Betrieb hat nicht die Freiheit, sich dem Ziel der Gewinnmaximierung zu entziehen. Das ist überall so auf der Welt und das ist auch in Österreich nicht anders. Die Crew von *safes* stapft mit ihrem gewichtigen Kunden nicht durch den Schnee von gestern.

Allerdings stellte Joe Smith im Laufe seiner Erkundungen, die er über die SEZ eingeholt hat, Überlegungen an, ob man hier nicht vielleicht doch in einem Punkt der Zeit hintennach schreitet – nachhinkt wäre wohl das falsche Wort – oder vielleicht doch schon wieder der Zeit voraus ist, weil sich das Unternehmen nicht in ein vorgefertigtes Korsett einer aushäusigen Unternehmensphilosophie, zum Beispiel einer TQM-Kultur (Top Quality Management Culture) zwängen lässt. Abgesehen davon, dass der Aufstieg nach dem Überlebenskampf der ersten Jahre einfach zu rasant erfolgte, um sich noch schnell bei Consultern eine an die internationalen Maßstäbe angepasste Firmenkultur einzukaufen – um dann womöglich wie der Kaiser in seinen neuen Kleidern dazustehen – manövrierten die Firmengründer

Egon Putzi und Franz Sumnitsch von Beginn an auf der schlichten Basis von Sach- und Hausverstand nach eigenen Wertigkeiten, und das tun sie noch heute, wenn sie auch in regelmäßigen Abständen geschulte Spitzenkräfte für eine Supervision ins Haus holen, um nicht gegenüber Eigenfehlern blind zu werden. Im Grunde aber sei die Betriebskultur, so die Aussagen der Führungsleute, vom schlichten Leitsatz geprägt: „Behandle deine Mitarbeiter und Kunden immer so, wie Du selbst behandelt werden willst".

Was nun wirklich nach ausgehängter Kalenderweisheit klingt, wirkt weniger banal im praktischen täglichen Miteinander. Um der Tendenz der Entrückung vorzubeugen, für alle Mitarbeiter direkt ansprechbar zu bleiben und auch den Dialog zwischen den Abteilungen zu fordern, wird wie in allen anderen Abteilungen auch in den Chefbüros auf persönlich zugeteilte Sekretäre und Sekretärinnen verzichtet. Auch die Führungsleute erledigen ihre Korrespondenz selbst. Das für Außenstehende vielleicht hemdsärmelig anmutende obligate Du im deutschsprachigen Umgang unter allen Mitarbeitern gilt als Zeichen des Teamgedankens und bietet eine weitere Entschärfung der ohnedies flachen Betriebs-Hierarchie. Neueinstellungen unterliegen nicht der Entscheidungsgewalt der Chefs, sondern dem Gemeinschaftsbeschluss der Abteilung, für die der/die Neue arbeiten soll. Das Prinzip der lernenden Organisation ist ebenfalls eine fundamentale Säule der Unternehmensphilosophie und ermöglicht flexibles, kundenorientiertes und zukunftsweisendes Handeln. So ist die SEZ weltweit in alle größeren Forschungsprojekte der Halbleiterindustrie involviert. Die Kosten für die permanente Aus- und Weiterbildung der Mitarbeiter betragen drei bis vier Prozent der Lohnsumme, wobei vorrangig auf das Konzept des „training on the job" gesetzt wird, da die verschiedenen Aufgabenbereiche ständige Anpassung an die Neuartigkeit des Produktes und eigenverantwortliches Arbeiten erfordern.

Als ausschlaggebend für das gute Betriebsklima hat sich vor allem die Transparenz der Betriebspolitik in Krisenzeiten erwiesen. Zwangsläufig ist auch die SEZ von geschäftlichen Rückschlägen in den beiden von Überkapazität innerhalb der Elektronikbranche geprägten Jahren 1996 und 1997 sowie von den Turbulenzen auf den internationalen Finanzmärkten, insbesondere des Börsencrashs in Asien, nicht verschont geblieben und musste wie andere Unternehmen der Halbleiterbranche eklatante Kurseinbrüche ihrer Aktien verzeichnen. Das Seufzen der Aktionäre war schon allein deshalb deutlich im Haus zu vernehmen, weil viele Mitarbeiter zu den Aktionären zählen. Das ist nichts Außergewöhnliches, mit Optionen auf Aktien halten die meisten börsennotierten Betriebe verdiente Mitarbeiter bei der Stange. Außergewöhnlich war schon eher die als selbstverständlich gehandhabte Offenlegung der Situation und der entsprechenden Strategien zur Krisenbewältigung, wobei auf Kündigungen verzichtet wurde und statt dessen gemäß dem Gemeinschaftsgedanken gesamtbetriebliche Einsparungsmaßnahmen zum Tragen kamen.
Dass der Aufsichtsrat nicht auf drastischeren Rationalisierungsmaßnahmen bestanden hat, liegt zum einen daran, dass die Börsenverluste sich nicht überdurchschnittlich niederschlugen, und zum anderen am Respekt, den Egon Putzi und Franz Sumnitsch in diesem Gremium genießen. Dass die „familiäre" Atmosphäre noch keine erpresserischen Züge angenommen hat und sich der Teamgeist bei SEZ vorläufig noch so frisch hält, mag realistisch gesehen auch an der relativ guten Überschaubarkeit des Villacher Hauptbetriebes mit 240 Mitarbeitern und am steilen Erfolgsweg der SEZ liegen, der die junge Firma mit dem jungen Team (das Durchschnittsalter liegt bei knapp unter dreißig Jahren) noch nicht an den Scheideweg zwischen der Achtung vor der unsicheren Größe des Menschen und einem das Gegen-

teil erzwingenden wirtschaftlichen Kalkül geführt hat und gewiss auch am Umstand, dass den Betrieb keine von Billigarbeitskräften gestützte Massenproduktion erhält, sondern eine hochtechnologische Spezialfertigung betreibt, die Arbeitskräfte gut und teuer sein lässt, weil jeder Abgang von qualifiziertem Personal im Betrieb als erheblicher Verlust zu Buche schlägt. Es mag auch an der Tatsache liegen, dass alle Mitarbeiter sich mit dem Unternehmenssinn weitestgehend identifizieren können, der getragen ist von der gemeinsamen Vision, Technologie- und Weltmarktführer am Halbleitermarkt im Bereich Nassätzen sowie Leitbetrieb der Region zu sein, wobei die Produktpalette für alle Mitarbeiter überschaubar ist und geradezu persönliche Beziehungen herausfordert. Der imposante Spin-Etcher in ihrer Mitte ist ja in allen seinen Ausformungen sozusagen eine Art personifizierte Maschine, die eine ständige Auseinandersetzung mit ihren Kompetenzen einfordert, die wächst, sich anpaßt, sich verweigert, für Überraschungen sorgt, für Verzweiflung, für Anerkennung und Freude und vor allem natürlich für einen guten Geschäftsgang.
In der Hauptsache mag der ständig zu neuen Ideen inspirierende und ermutigende Teamgeist aber in den Persönlichkeiten Egon Putzi und Franz Sumnitsch begründet liegen, die nicht vergessen wollen, was es heißt, in schwierigen Zeiten auf verlässliche und loyale Mitarbeiter zählen zu können. Jedenfalls schreibt die SEZ ihre schwarzen Zahlen nicht mit schwarzer Pädagogik. Der Unternehmungsleitung steht es fern, ihre Angestellten zu Untertanen zu erziehen und ihnen als Strafe für Ungehorsam und Leistungsabfall die Rute der Entlassung ins Fenster zu stellen. Ganz im Sinne Joe Smiths will man sich auf selbständige, kreative, improvisierfreudige und vor allem positiv motivierte Mitarbeiter verlassen können. Für die beiden Firmenchefs ist diese Art der Betriebsführung eine logische Schlussfolgerung sozialer Intelligenz,

die keine übergeordnete marktgerechte Philosophie vonnöten hat. Erfolgskonzepte lassen sich ihrer Meinung nach ohnedies nicht kopieren, dennoch würden sie gern ihr Wissen und ihre Erfahrung an junge österreichische Unternehmensgründer weitergeben.
Diese lassen sich zwar immer weniger von den hierzulande komplizierten bürokratischen Unternehmensgründungs-Verfahren abschrecken, die sich oft über Jahre in die Länge ziehen und im übrigen viele ausländische Investoren davon abhalten, einem österreichischen Jungunternehmen auf die Sprünge zu helfen, allerdings zeigen die Jungunternehmer offensichtlich kein Interesse, bei den Erfolgreichen der heimischen Branche wertvolle Tipps einzuholen. „Bis jetzt hat uns jedenfalls noch kein einziger um Rat gefragt“, sagen Egon Putzi und Franz Sumnitsch. Beide vermuten hinter dieser Haltung eine Österreich-typische Ignoranz aus Arroganz, „die wahrscheinlich wiederum einem Mangel an unternehmerischem Selbstbewusstsein entspringt, das ja im Rahmen einer österreichischen Schullaufbahn mit ihrem noch immer vorrangig praxisfernen Frontalunterricht nicht gerade gefördert wird.“
Jedenfalls ringt die Erfolgsgeschichte der SEZ dem Manager Joe Smith bei weitem mehr Respekt ab, noch dazu, da sie den Mythos vom Aufstieg des (Wafer-) Tellerwäschers zum Multi-Millionär in sich birgt, also jenen amerikanischen Traum, den Österreicher zwar auch oft und gerne träumen, aber in wachem Zustand meist entschieden von sich zu weisen pflegen. Auch dem Typus des in der Garage an einer neuen Erfindung bastelnden Genies, dessen Karriere nicht über einen buckligen Amtsweg sondern über Eigenverantwortlichkeit, Selbstvertrauen, Begeisterungsfähigkeit und Kreativität führt, bringt Joe Smith die offene Bewunderung des konkurrenzfreudigen und wettbewerbsfähigen Amerikaners entgegen. Die Frage „Warum oder warum nicht Ös-

terreich als Partnerland für ein geschäftliches Abkommen?" stellt sich in Zeiten größtmöglicher internationaler Mobilität für ihn nicht, solange der Betrieb, mit dem er es zu tun hat, den Anforderungen entspricht, die er ihm in seiner Funktion als Spitzenmanager abverlangen muss.
Dennoch ist auch die touristische Kategorie mit wildromantischer Landschaft, gemütlichem Hüttenabend, aufgeschlossenen, netten Leuten und fröhlicher Rodelpartie nicht zu verschmähen. Jedenfalls solange man nicht auf einer Rodel sitzt und in den dunklen steilen Schlund der Rodelbahn blickt, die sich schon nach wenigen Metern zwischen schwarzen Bäumen aus dem Blickfeld verliert.
Das leidige Problem in der Funktion eines Beobachters liege darin, sinniert Joe Smith laut, dass der außenstehende Beobachter eben nicht sehe, was alles er nicht sehe. Nach einem Moment allgemeiner Verwunderung knipst einer der SEZ-Techniker eine Taschenlampe an und drückt sie Joe Smith in die Hand. Das Service der SEZ sei in jedem Fall verlässlich, soll die Geste bedeuten. Joe Smith nickt zufrieden. Das Umfeld nunmehr gut ausgeleuchtet, macht er sich im Pulk mit den SEZ-Leuten auf den Weg, seinerseits nun wieder zuversichtlich, dass sich weder der Techniker noch der Sanitäter in ihm allzugroße Sorgen machen muss.
Villach, 1999

Andreas Renoldner

Die Welt im Kopf

Wirtschaften in Österreich heißt,
in Österreich möglichst viel Geld zu verdienen.

Eins

Im Laufe der Zeiten haben sich Geld und Markt herausgebildet. Das Recht des Stärkeren, demnach der überlebt, der die größeren Gewinne zusammenrafft, existiert mit und ohne Europäische Union. Es hat sich durchgesetzt. Nun ist es gültig. Keiner, der dagegen aufstehen würde, weil kein anderes Bild ähnlich stark auf die Welt wirken darf. So viel ist schon versucht worden. So viel ist schon gescheitert. Alles andere zu behaupten wäre Utopie.
Auch Utopie ist eine Welt im Kopf. Es gibt heute keinen, der mit einer Utopie im Kopf gegen die Macht des Faktischen siegen könnte.
Sein Bild im Kopf leitet sich von den hier und heute gültigen Regeln ab. Es ist nicht seine Aufgabe, diese Regeln zu verändern. Durch die Übernahme des Familienunternehmens ist ihm die Aufgabe gestellt worden, die Regeln der Marktwirtschaft durch sein Tun zu bestätigen. Hätte er das Unternehmen verkauft, hätten andere weitergespielt. Nichts hätte sich verändert.
Du hörst immer wieder: Früher ist alles anders gewesen. Die Geschäftsführer wie Familienmitglieder. Die Lieferanten wie Freunde. Doch das ist leider vorbei. Wer heute bestehen will, muss wie die Konkurrenten beinhart rechnen.
Das Lohnniveau ist im Handel traditionell niedrig, doch wer gut arbeitet, verdient mehr als der Durchschnitt. Du siehst, wie zufrieden jene sind, die mit aller Kraft mitspielen. Viele sind versorgt, weil sie einen Teil ihrer Lebenszeit in den

Dienst des Unternehmens stellen. Es ist ein einfaches Tauschgeschäft mit klaren Regeln. Das Unternehmen braucht Mitarbeiter, die Mitarbeiter brauchen Geld. Beide bekommen, was sie brauchen.

Weil für das Unternehmen jeder Arbeitnehmer ein Kostenfaktor ist, wird innerhalb der Beschäftigten ein Zweiklassensystem erreicht: Da die Eifrigen mit ihren Umsatzprozenten als Spitzenverdiener, dort die Unterdurchschnittlichen mit Kurzarbeit oder stundenweiser Beschäftigung. Bei denen wird so gespart, dass manche nicht in der Lage sind, eine kleine Familie zu erhalten. Um einen Betriebsrat zu verhindern, werden alle Möglichkeiten ausgeschöpft. Man verspricht mehr Lohn oder stellt einen Vertrauten als Gegenkandidaten auf. In einer Filiale ist der Landeshauptmann angereist, um die Betriebsratswahl zu ermöglichen. Es ist ihm nicht gelungen, die Arbeitnehmer zu überzeugen. Als in einer Filiale doch ein Betriebsrat gewählt worden ist, hat man ihm einfach keine Arbeit mehr zugeteilt.

Jeder soll seinen eigenen Arbeitsvertrag mit dem Unternehmen abschließen, sagt einer. Allgemein gültige Verträge sind nicht mehr zeitgemäß. Er sagt nicht, dass der einzelne Arbeitnehmer gegenüber dem Unternehmen in der schwächeren Position ist und somit Verträge unterschreiben muss, deren Konsequenzen ihm nicht immer bekannt sind.

Jene, die ausscheiden mussten, weil sie die geforderte Leistung nicht erbracht haben, siehst du im Unternehmen nicht. Du weißt, dass es mehr als einer und mehr als zehn sind, die da und dort nicht mitspielen dürfen. Du kennst die sogenannten Klienten der Umschulungen und Arbeitsstiftungen und der Sozialprojekte, wo ein paar Langzeitarbeitslose für ein Jahr unterkommen, um im zweiten Jahr wieder auf der Straße zu stehen. Du kennst sie gut, weil dein Bruder so ein Projekt leitet. Wenn sie wieder auf der Straße stehen, steht in ihrem Akt: Schwer vermittelbar.

Das Unternehmen sagt: Jeder schlechte Verkäufer, den wir mitschleppen, senkt unsere Wettbewerbsfähigkeit. Nach den Regeln des Marktes gibt es nur Sieg oder Untergang.
Sieg und Untergang sind Bilder der Welt im Kopf. Die Welt im Kopf bestimmt die Welt.

Zwei

Du beginnst deine Wanderung durch das Haus beim Betreten der sich drehenden Türschleuse. Früher hat man die Türen der Geschäfte aufdrücken müssen. Später haben sich die Türen automatisch geöffnet. Heute werden die Kunden in die Warenhäuser hineingeschaufelt, wenn sie dem Eingangsbereich zu nahe kommen.
Du gerätst in das Einrichtungshaus. Von Möbeln ist hier auf den ersten Blick nichts zu sehen. Es gibt Geschirr und Blumenvasen. Einen Leoparden aus Porzellan. Daneben Bettwäsche und Handtücher, Stoffe, Vorhänge. Weiter hinten stehen Elektrogeräte, alles von der Kaffeemaschine bis zum Wäschetrockner. Dazwischen Duftöle. Bald wird bei uns auch Kinderspielzeug zu finden sein, sagt einer, der mitbestimmt, was verkauft wird. Auch mit Spielzeug lässt sich Geld verdienen.
Langsam dringst du zu den Möbelabteilungen durch. Vorher kommst du noch am Weihnachtsmarkt vorbei. Im gedämpften Licht glitzern hunderte Glaskugeln in allen Farben. Dunkles Blau und Gold ist heuer anscheinend gefragt, davon findest du die meisten Haufen.
Bei den Weihnachtsmannpuppen hast du bereits zu viele bunte Dinge gesehen. Die kleinen, roten Staubsauger fallen dir ein und das rote Sofa neben der Eingangstür, an dem du gleich nach dem Betreten des Geschäfts vorbeigekommen bist. Rot ist eine kräftige Farbe. Sie drängt sich ins Gedächtnis wie die roten Jacken der Verkäufer.

Dann die einzelnen Warengruppen. Kleinmöbel. Schreibtische. Sessel. Bänke. Küchentische. Küche. In Kojen sind Beispiele für Schlafzimmer aufgebaut: Doppelbett, Nachtkästchen, der Wandverbau ist ein begehbarer Schrank. Bekannte Namen von großen Herstellerfirmen. Wieder ein Schlafzimmer aus Doppelbett, Nachtkästchen und Schrankwand. Noch eines. Noch eines. Beim Zehnten weißt du nicht mehr, wie das Erste ausgesehen hat. So viele Waren.
Eine kleine Halle voll Sofas. Bunte Stoffe oder Leder, protzig und schmal. Was immer man haben will. Trotzdem bestehen alle aus einer Sitzfläche, einer Rücken- und zwei Seitenlehnen. Das Prinzip ist immer gleich wie bei den Küchentischen und Eckbänken.
Du fragst, warum man das hässliche Ding aus furniertem Preßspan mit Rückenpolstern im Trachtenlook ausgerechnet an die Ecke stellt, wo jeder es sehen muss.
Sie werden lachen, aber das ist unser meistverkauftes Stück. Das dort drüben geht nicht, sagt er und zeigt auf eine andere Bank. Die Kunden sagen zwar, dass es schön sei, aber in die eigene Küche will sie keiner stellen. Wir müssen anbieten, was unsere Kunden wollen. Wir haben schon viel versucht. Diese Sessel zum Beispiel, sagt er und deutet auf einen schlanken Stuhl. Ein hochwertiges Stück. Das nimmt keiner. Die sogenannt rustikalen Möbel gehen weg wie die warmen Semmeln.
Ob man in drei Jahren in diesem Haus auch Semmeln kaufen kann, willst du wissen, und er lacht. Nein. Semmeln werden sie bei uns nie bekommen. Aber Waschpulver, sagst du. Waschpulver passt zu Waschmaschinen. Das könnte kommen, sagt er leise.
Du denkst: Dass er lieber kein Waschpulver verkaufen will. Doch wenn sich damit Geld verdienen lässt, wird eines Tages auch Waschpulver im Einrichtungshaus zu kaufen sein.

Dort die Kinder- und Jugendzimmer. Dort die Wohnzimmer. Dort die Vorzimmer. Dort die Badezimmer. Dort Kästen. Dort Kommoden. Die Jugendmöbel. Die Vollholzmöbel. Zu viele Waren, die alle einem immergleichen Prinzip folgen. Das Design verändert nur die Form der Türgriffe. Du gehst.

Im Warenhaus eines Konkurrenten siehst du Sofas und Schlafzimmer und Küchen und Schränke. Sie stammen zum Großteil von den gleichen Produzenten wie die Waren in den anderen Einrichtungshäusern.

Der freie Markt, heißt es, bringt uns Vielfalt und Auswahl. Heute siehst du auch in den Baumärkten genau jene langweiligen Messinglampen aus Südostasien wie in den Einrichtungshäusern. Es gibt keinen Unterschied im Preis und in der Qualität. Das Massengeschäft wird mit billigen Massenprodukten gemacht. Die Konkurrenz, die angeblich Wahlmöglichkeit erzeugt, bewirkt Einheitsbrei. Jeder glaubt alles anbieten zu müssen, in der Folge verengt sich das Sortiment und das Interessante findet sich nur mehr in winzigen Spezialgeschäften zu Preisen, die es dem Großteil der Bevölkerung unmöglich machen, dem Einheitsbrei zu entkommen.

Die Leute wollen nichts anderes, sagt er. Die Verkaufszahlen zeigen uns, was die Leute wollen.

Du sagst: Wenn überall nur eines erhältlich ist, fehlt die Wahlmöglichkeit. Bildet der Einheitsbrei in den Möbelhäusern den Geschmack.

Er stimmt dir nicht zu. Weist auf Einzelstücke hin, die keiner kauft.

Du denkst: Bestimmte nicht der Handel das Sortiment und durch Werbung den Geschmack, würden die Menschen anders entscheiden.

Und weil du es bist, der diese Arbeit verfasst, bleibt das als letztes Wort stehen. Vielleicht findet sich eines Tages diese Welt aus deinem Kopf in der Wirklichkeit.

Drei

Nach dem Besuch des Möbelhauses gehst du durch deine Wohnung. Im Vorzimmer sind zwischen hoch montierten Wandhaken Seile gespannt, an denen frei verschiebbare Schnüre hängen. An das untere Ende hast du Metallhaken gebunden, auf denen du jetzt in unterschiedlicher Höhe die Mäntel, Jacken, Regenschirme und Regenüberhosen der Kinder siehst.
Das große Bett hat ein dir bekannter Tischler gebaut. Es handelt sich um ein stabiles, gut durchdachtes Stecksystem ohne Leim und Schrauben, das zwei Übersiedlungen problemlos überstanden hat.
Es gibt keine Sitzecke mit Sofa, keine Einbaukästen, kein Schlafzimmer, keine Nachtkästchen und Schrankwand, keine Vitrinen, keine fertigen und lebenslang gültigen Lösungen, wie sie unter dem Titel Wohnzimmer, Esszimmer, Schlafzimmer oder Jugendzimmer angeboten werden. Dafür siehst du teilweise bemalte oder mit Stoff verkleidete Einzelstücke und unfertige Ecken, wo Platz ist für eine irgendeinmal stattfindende Gestaltung.
Du weißt: Leute wie dich kann der Möbelhandel nicht brauche. Du bist kein Kaufwegschmeißer. Für die noch unfertigen Ecken hast du Pläne für deine bereits erprobten Papiermachémöbel. Und eine abgehängte Zwischendecke aus buntem Seidenpapier wird es geben, weil sie so schön raschelt beim Lüften oder wenn man schnell durch das Zimmer geht.
Du bist nicht bereit, die Gestaltung deines Lebensraumes sogenannten Trenddesignern und den beschränkten Möglichkeiten der Möbelindustrie zu überlassen. Du willst keine Trends, sondern brauchbare Einrichtungsgegenstände. Das Beispiel Handtuchhalter zeigt die Enge im Denken der Händler und Produzenten. Du hast im Badezimmer zwei

Stricke von einer zur anderen Wand gespannt, daran in kurzen Abständen Rundhölzer gebunden. Daneben gibt es die Badezimmervariante der Kleiderablage mit kleinen Stahlhaken. Nicht nur wegen des Preises wird die Lösung von vielen Freunden bestaunt. Die Ablagen für Handtücher, Badetücher und Bademäntel, auch Waschlappen und Haarbürsten können aufgehängt werden, sie funktionieren einfach besser als die im Handel erhältlichen Metallstangen oder Wandhaken. Du kannst sie jederzeit erweitern, jedes Teil ist austauschbar.

Dazu braucht es nichts, als eine selbstbestimmte Welt im Kopf zu errichten. Das ist vielleicht anstrengender als einzukaufen, doch das Ergebnis trägt keine Artikelnummer. Und über den Preis, der im Handel angeblich alles bestimmt, brauchst du kein Wort zu verlieren.

Ist die selbstbestimmte Welt im Kopf in der Lage, sogenannten Sachzwängen einer Wirklichkeit zu trotzen. Keiner zwingt die Konsumenten dazu, alles zu konsumieren.

Vier

Kommen sie, sagt die Dame. Ich finde dieses Sofa nicht. Sie streckt ihm den Katalog hin. Deutet auf das Bild eines Sofas. Er geht mit ihr die Ausstellungsstücke entlang. Das ist es, sagt er und bleibt stehen.

Das hat ein anderes Muster. Die Blumen sind größer als die Blumen auf dem Bild. Warum haben sie dieses Sofa nicht, wenn es im Katalog abgebildet ist.

Er lächelt freundlich. Er erklärt, dass es über hundert verschiedene Bezüge für dieses Sofa gibt. Es ist nicht möglich, einhundert Sofas aufzustellen oder im Katalog abzubilden. Das Sofa im Katalog ist ein Beispiel, sagt er und öffnet die Mappe mit den Stoffproben der Überzüge. Deutet auf den Flecken Stoff mit den kleineren Blumen.

Warum stellen sie ein Sofa auf, das nicht im Katalog ist? Und warum ist ein Sofa im Katalog, das sie nicht aufgestellt haben? Ich kann mir beim Anschauen von so einem winzigen Stück Stoff nicht vorstellen, wie das ganz Sofa mit diesem Stoff wirkt. Ein kleiner grüner Stofffleck sieht nett aus, ein riesiges grünes Sofa ist unmöglich.
Er sagt, dass ein Einzelstück manchmal nicht in ein fertig eingerichtetes Zimmer passt, obwohl die Kunde es hier gesehen hat. Es genügt, wenn daheim das Licht anders fällt. Wenn man Halogenlampen verwendet oder Energiesparlampen.
Ja, sagt die Dame, nickt und geht. Den zusammengerollten Katalog wie einen Schlagstock in der Hand.
Er sagt: Die Kunden sind das Wichtigste. Man muss herausfinden, was sie wollen. Was ihnen gefällt. Wieviel Geld auszugeben sie bereit sind. Welche Ware sie zufriedenstellt. Er fragt, ob der Raum hell ist oder dunkel. Wie die anderen Möbel aussehen. Auch bei der Bezahlung kommen wir entgegen. Ratenzahlung ist möglich, Montage ist möglich und Zustellung. Viele lassen sich ganze Zimmer planen und einrichten. Wir zeichnen Ansichten perspektivisch. Das meiste muss man erraten. Der Kasten dort drüben zum Beispiel geht nicht weg. Ein anderes Stück wird ein Renner, obwohl niemand das vorher geglaubt hat. Der Kundenwunsch bestimmt die Auswahl der Möbel, das Design, die Qualität, den Preis, die Öffnungszeiten und die Temperatur im Haus. Die Kunden bestimmen alles. Je besser wir uns auf die Kunden einstellen, desto besser geht das Geschäft.
Wir müssen höflich grüßen. Wir müssen freundlich sein. Wir müssen die Waren kennen. Wir müssen Probleme sofort lösen. Wir müssen die Kunden gut beraten. Wir müssen alles ausreichend erklären. Wir müssen sie in Ruhe schauen lassen. Wir müssen im rechten Augenblick fragen. Wir müssen das Vertrauen der Kunden gewinnen. Wir müssen ver-

suchen, ihnen die beste Qualität zu verkaufen. Manchmal fällt es schwer, freundlich zu bleiben, sagt er und lächelt.

Fünf

Ein unangenehmer Fall, sagt er. Die Ware seit über einem Jahr nicht bezahlt. Zunächst hat der Kunde sie mit dem Trick vom vergessenen Geld mitgenommen. Das kommt oft vor. Unter hundert Kunden ist einer dabei, der nicht zahlen will. Also gibt man die Ware heraus, wenn der Kunde verspricht, morgen mit Erlagschein oder bar an der Kassa zu bezahlen. Man kann sich nicht wegen eines Falles neunundneunzig Kunden vergrämen.

Das Geld kommt nie an. Der Abteilungsleiter fragt nach, schickt Zahlungsaufforderungen, später wird eine Ratenzahlung vereinbart. Er sei gekündigt worden, sagt der Kunde, er habe Probleme mit dem Geld. Man ist kulant. Setzt kleine Raten fest. Einmal wird eine Rate bezahlt. Später fährt er zum ersten Mal zur Wohnung des Kunden. Wieder wird Ratenzahlung vereinbart. Ja, er werde zahlen. Er wolle zahlen.

Nach einem Jahr und zwei Wochen ist eine von zwölf Raten auf dem Konto eingetroffen. Jetzt hilft nur mehr Abholen, sagt er. Von einem Inkassobüro sieht man kein Geld. Wir haben zehn Fälle solchen Büros übergeben, und alle waren negativ. Wenn man einen Rechtsanwalt einschaltet, ist die Erfolgsquote nicht wesentlich besser. Da sind es zwei von zehn Fällen. Was immer hilft, ist die Androhung, die Ware mitzunehmen. Heute ist es so weit. Es kann hart zugehen, sagt er. Manche verstehen nur den rauhen Ton. Die lachen dich aus, wenn du freundlich redest.

Jetzt steht er vor dem Haus mit acht Wohnungen. Drückt auf den Klingelknopf. Niemand öffnet. Der ist nicht da. Eine andere Hauspartei lässt ihn ins Stiegenhaus ein. Jetzt

steht er vor der Wohnungstür. Drückt wieder auf die Klingel. Schreibt auf die Rückseite der Visitenkarte, dass er hier gewesen ist. Da geht die Türe auf.
Eine junge Frau in Nachtgewand. Pyjama. An der Hand ein kleines Mädchen. Eine durchschnittlich hübsche und durchschnittlich gepflegte Frau. Das Vorzimmer aufgeräumt. Die Verhältnisse wirken geordnet. In drei Tagen holden wir den Kasten, sagt er. Warum sollen sie den Kasten holen? Ich habe meinem Mann am Freitag den Tausender gegeben. Er hat ihn auf der Bank eingezahlt.
Kein Geld auf dem Konto, sagt er und schüttelt den Kopf. Sie werde die Sache jetzt selbst in die Hand nehmen, sagt die Frau. Ihr Mann sei auf Montage im Ausland. Bis Freitag werde sie überweisen. Man könne ihr doch den Kasten nicht wegnehmen. Den brauche sie. Und das Kind sei krank, und sie sei krank, Grippe, sagt sie. Sie verspricht, bis Freitag einzuzahlen. Wenn sie mein Vertrauen enttäuschen, ist der Kasten weg, sagt er und geht.
Wenn sie nicht bezahlen und er den Kasten abholen lässt, kann er ihn nicht mehr verkaufen. Der Kasten ist für ihn Müll. Trotzdem muss er den Kasten holen. Es geht nicht, dass einer eine Ware nimmt und nicht bezahlt. In einem Jahr versuchen fünf andere, sich so einzurichten, in zwei Jahren sind es zwanzig. Das redet sich herum. Das verdirbt das Vertrauen zu den Kunden. Allen ist klar, dass sie bezahlen müssen, wenn sie etwas kaufen. Das ist auch den Betrügern klar. So sind die Spielregeln. So ist die Welt.
Wenn sie dich hineinlegen wollen, beginnst du, an der Welt zu zweifeln. Solche Fälle gehen dir nicht in den Kopf, sagt er.

Sechs

Sie müssten einmal bei einem Vorstellungsgespräch dabei sein, sagt er. Unlängst ist einer mit einem T-Shirt und kurzen Hosen hereingekommen. Die Sache mit den Umsatzprozenten gefalle ihm nicht, hat er gesagt. Er sei festen Lohn gewohnt. Und mehr Lohn sei es am Hochofen auch gewesen. Und außerdem brauche er nur einen Stempel, hat er gesagt und den Zettel vom Arbeitsmarktservice aus der Tasche seiner Kurzen gezogen.

Mit solchen Leuten muss er sich herumschlagen. Es gibt mehr als genug Bewerbungen, aber nur wenig brauchbare Leute. Die hier, sagt er und hebt ein Blatt vom Stapel mit den Bewerbungsbögen. EDV-Kenntnisse. Erfahrungen mit Kundenreklamationen. Mehrjährige Praxis im Handel. Die muss ich mir warmhalten. Die können wir brauchen. Neulich hat mir eine Abteilungsleiterin erzählt, dass die Puppe aus dem Kundenbüro seit ein paar Wochen mit ihrem Mann an einem Kind bastelt. Das wird bald eine Karenz geben. Und woher nimmt man dann schnell jemand, der in der Lage ist, eine heikle Sache wie die Reklamationen gut im Griff zu haben. Mit Freundlichkeit und Entgegenkommen. Bei Reklamationen musst du rasch handeln, sonst hast du den Kunden für immer verloren.

Verkaufen ist nicht einfach. Manche lernen es nie. Wir haben die besten in unserer Branche. Daher ist unser Unternehmen Marktführer. Mit dem Personal steht und fällt der Umsatz. Unsere Leute wissen, welche Leistung von ihnen erwartet wird. Wer die Leistung nicht bringen will, muss nicht bei uns bleiben. So ist es überall. Wer die Leistung bringt, wird fair behandelt. Wer ein Problem hat, kann jederzeit zu mir kommen. Wer die Kunden nicht begrüßt, wird nicht lange bei uns sein. Die meisten arbeiten gerne bei uns. Das Betriebsklima ist gut. Der Umsatz stimmt und damit das Einkommen. Wer wie wir auf Qualität in der Kundenbetreuung setzt, braucht immer Arbeitskräfte. Wir bilden auch Lehrlinge aus, um geschulte Fachkräfte zur Verfügung zu haben. Da kann man uns keinen Vorwurf machen.

Er hat noch mehr erzählt, aber da ist dir das Wort Puppe wieder in den Sinn gekommen. Du hast es nur mit Mühe zur Seite schieben können für andere Fragen. Die Puppe bastelt an einem Kind. Das hat die Abteilungsleiterin privat erfahren, und die hat es ihrem Chef erzählt. Es gibt Unternehmen, wo man beim Auftauchen so eines Gerüchts kündigt. In dem Handelsunternehmen, das du besuchst, tut man das angeblich nicht. Weil man die guten Verkäufer halten will. Die Puppe hat das Glück, dass sie eine gute Mitarbeiterin ist. Er hält sich für sie keinen Ersatz, sondern eine Karenzvertretung warm.
Du denkst: Ob die Ersatzfrau auch eine Puppe ist.

Sieben

Ich werde ihnen das erklären, sagt er und zeigt hierhin, dorthin, rechnet nach und vor, absoluter Umsatz, relativer Umsatz, manche liegen unter dem Durchschnitt, meist mit dem Verkaufsvolumen und dem durchschnittlichen Umsatz pro Verkauf. Man sieht daran, ob einer darauf wartet, dass man endlich kommt und ihn von der Qual erlöst, jeden Tag hier stehen und etwas tun zu müssen, das zu tun ihn nicht interessiert. Wozu er nicht begabt ist. Das hat keinen Sinn. Sie sind manchmal froh, wenn es zum abschließenden Gespräch kommt.
In regelmäßigen Abständen kommen diese Listen aus der Zentrale auf seinen Tisch. Welche Schlüsse er aus den Zahlen in der Liste zieht, ist seine Sache, sagt er. Er muss nur für sein Haus ein zumindest im Durchschnitt liegendes Betriebsergebnis zustande bringen. Dieser Herr zum Beispiel kann verkaufen. Das sieht er bei jedem Gang durch das Haus. Er kann Kunden bessere Qualität anpreisen. Er kann aus dem Katalog verkaufen. Oder diese Dame. Zwölf Prozent unter dem Durchschnitt. Die Zahl braucht er gar

nicht. Er weiß, dass die Dame weg will. Zum dritten Mal an die zwölf Prozent Minus. Natürlich bringen auch zwölf Prozent Umsatz unter dem Durchschnitt für das Unternehmen Gewinn. Natürlich ist der Umsatz etwas, für das die Verkäufer nicht hundertprozentig verantwortlich gemacht werden können. Aber wir messen am Durchschnitt. Damit hat er eine Zahl in der Hand, schwarz auf weiß und rot angestrichen, und gegen diese Zahl ist die Dame machtlos. Sie kann nicht behaupten, man habe sie willkürlich gekündigt. Sie weiß, dass es in ihrer Macht liegt, ob sie geht oder bleibt. Wenn sie will, hat sie noch eine Schonfrist. Es wird die letzte Schonfrist vor einem abschließenden Gespräch sein. Er ist da sehr kulant. Mit einem Ergebnis, wie es seine Filiale vorweisen kann, ist Kulanz gerechtfertigt. Hat einer ein Problem, kann man drei Monate lang ein Auge zudrücken.
So ist es eben in der Wirtschaft. Wer nicht will, kann wieder gehen. Wir sind kein Sozialamt. Wir können es uns nicht leisten, dass Mitarbeiter Kunden vergrämen. Für die Kunden ist jeder einzelne Verkäufer das Unternehmen. Daher hat er kein großes Problem, wenn er mit der Dame ein abschließendes Gespräch führt. Nach drei Nachfragen, ob es Probleme gibt, und immer nur ihr Schulterzucken. Er hilft, wenn es in seiner Macht liegt. Er ist keiner, der beim geringsten Anlass hinausschmeißt. Die Mitarbeiter sind sehr zufrieden mit mir, sagt er und lächelt, und du weißt, dass er recht hat.

Acht

Als unlängst das Gespräch über das Offenhalten der Geschäfte am Sonntag im Fernsehen gelaufen ist, sind die Angestellten unruhig geworden. Sie haben Angst um den letzten gemeinsamen freien Tag, an dem die Familie sich sehen

kann. Den Jungen ist es kein Problem. Doch wer Familie hat, ist eindeutig dagegen. Die Welt wird dadurch unmenschlicher, sagt er. Wenn nur mehr das Geschäft zählt.
Das Offenhalten am Sonntag bedeutet höhere Fixkosten. Man wird nicht mehr verkaufen können. Der Umsatz wird sich von den Wochentagen zum Wochenende verschieben. Man müsste den Kunden sagen, dass manche Ware teurer wird, wenn die Fixkosten steigen.
Er ist gegen das Aufsperren. Wenn aber ein Großer damit anfängt, muss man mitgehen. Nicht offen zu halten bedeutet einen Verlust, weil die Kunden an diesem Tag bei der Konkurrenz kaufen. Sonst bricht uns ein Siebtel des Umsatzes weg oder ein Fünftel. Er wiederholt die Aussage, um ihre Bedeutung hervorzuheben. Durch die Wiederholung betont er die Größe des Druckes, der von den anderen kommt.
Er geht gerne mit Freunden bergsteigen. Der lange Samstag erschwert für ihn die Pflege der Freundschaften. Wenn es an zwei Sonntagen regnet, kommt er oft ein ganzes Monat nicht hinaus. Das ist früher anders gewesen.
Im Grunde ist die Sache gelaufen.
Du bist es, der diesen Satz sagt. Für einen Augenblick stockt das Gespräch. Er denkt nach. Der Satz steht halb im Widerspruch zu dem, was zuletzt gesagt worden ist. In der kurzen Pause springt er von einer Welt im Kopf zu einer anderen Welt im Kopf. Soeben hat noch alles dagegen gesprochen. Soeben hätte er sagen müssen: Das wollen wir nicht.
Der Sprung gelingt. Zweimal wiederholt er deinen Satz und nickt. Jetzt sitz er wieder in einer Welt. Ja. Das wird kommen. Es ist im Grunde gelaufen. Der Wille ist vorhanden. Es geht nur mehr um Detailfragen. Wieviel kostet das. Wie weit kommt die Gewerkschaft entgegen. Er legt auch schon Forderungen auf den Tisch. So wird es nicht gehen: Tausch gegen einen zusätzlichen freien Tag oder doppelter Lohn für Sonntagsarbeit.

Ob das noch fünf Jahre dauern wird, fragst du. Drei Jahre, sag er und lächelt. Und wieder ein Jahr später wird kein Mensch mehr davon reden. Es wird normal sein, dass man am Sonntag bei Schlechtwetter einkaufen geht und bummelt. In drei Jahren ist es so weit, obwohl das keiner im Unternehmen haben will. Das ist die Globalisierung, sagt einer.
Die Welt im Kopf zwingt.

Neun

Das Möbelhaus jenseits der Straße ist drei Monate nach unserem Haus eröffnet worden. Wir waren schneller, sagt er und lächelt. Das ist bis heute nicht vergessen. Bis heute sind sie die zweiten. Daher arbeiten sie mit allen Tricks.
Er legt die jüngsten Werbeprospekte der Konkurrenz auf den Tisch. Wenn eine Postwurfsendung herauskommt, sitzen wir schon da und analysieren. Welche Eckangebote macht er. Wieviel kostet ein Sofa. Wieviel die billigste Küche. Wieviel das einfachste Schlafzimmer. Wenn es bei im weniger kostet, müssen wir sofort mit dem Preis hinunter.
Jede Postwurfsendung ist eine Waffe im Konkurrenzkampf. Er nimmt bei uns erhältliche Produkte in der gleichen Ausstattung auf die Titelseiten. Der Preis liegt immer unter unserem Preis. Damit will er den Kunden mitteilen: Wir sind billiger.
Natürlich stimmt das nicht. Die Aussage gilt nur für dieses eine Stück. Und mit diesem einen Stück macht er Verlust. Aber er lockt damit die Kunden ins Haus. Und daher müssen wir mitgehen. Ob man trotzdem Geschäfte macht, liegt an den Verkäufern. Viele der Kunden lassen sich davon überzeugen, dass das billigste Produkt nicht das beste Produkt ist. Achtzig Prozent, sagt er.

Die Beobachtung der Konkurrenz ist eine der wichtigsten Aufgaben. Wenn du eine Aktion übersiehst, verlierst du Umsatz. Das spürst du innerhalb weniger Tage. Und wenn die Kunden erst einmal drüben einkaufen, sind die meisten für immer verloren. Da hilft nichts, als mit dem Preis hinunterzugehen. Ein Kleiner kann da natürlich nicht mit. Daher setzen die Kleinen auf Spezialanfertigungen oder Marken, die wir nicht bekommen, weil sie nur exklusiv vertrieben werden. Oder das Hochpreissegment.

Die Konkurrenz macht uns alles nach. Du hörst, dass er sich ärgert. Keine eigenen Ideen, sagt er. Alles von uns abgeschaut. Wenn wir mit einem Eckpreis hinuntergehen, geht er zwei Wochen später auch hinunter. Wenn wir eine neue Produktgruppe dazunehmen, her er sie Wochen später auch im Programm. Schauen sie her, sagt er und schlägt den jüngsten Prospekt der Konkurrenz auf der Seite mit den Leuchten auf. Legt den eigenen daneben. Die Unterschiede zwischen den beiden Seiten sind auf den ersten Blick nicht zu erkennen. Unser Lampenverkäufer ist nach der Kündigung zur Konkurrenz gegangen, sagt er. Auch andere von uns sind heute drüben. So ist das Geschäft. Manchmal würde er am liebsten über die Straße gehen und denen so ein Prospekt um die Ohren hauen.

Wir haben die Konkurrenz gut im Griff, sagt er dann schnell und lächelt. Wir sind besser. Wir sind stärker. Wir haben die besseren Verkäufer. Die besseren Ideen. Wir sind die Vorreiter. Es kann nicht gut gehen, wenn man alles imitiert. Das merken die Kunden. Daher kommen sie lieber zu uns.

Wieder einmal fällt dir zum Wirtschaften das Wort Kindergarten ein. Das Leuchten in seinen Augen passt dazu. Da steht ein kleiner Junge und erzählt dir, dass er stärker ist als sein Nachbar. Er ist stolz darauf. Er lächelt das Lächeln der Sieger.

Der Glaube an den Sieg ist eine Welt im Kopf.

Zehn

Zuerst wird der Lebensmittelhandel am Sonntag aufsperren. Dann die anderen Branchen. Schon wieder sagt das einer zu dir. Er lächelt und zählt die bekannten Nachteile auf. Weil das Thema im Gespräch ist, entsteht in den Köpfen der Sachzwang zum Öffnen. Sobald die Konkurrenz daran denkt, an einem Sonntag die Geschäfte zu öffnen, ist ihr zuzutrauen, dass sie es tut. Wenn man der Konkurrenz das Öffnen am Sonntag zutraut, muss man sich selbst auf die Entwicklungen einer denkbaren Zukunft einstellen. Hätte keiner davon geredet, wäre der Sachzwang nicht entstanden. Als formte sich die Welt erst durch das Aussprechen einer Welt im Kopf.

Wieder hörst du, dass vor allem das Privatleben darunter leiden wird. Für das Wohl der Kunden muss man Opfer in Kauf nehmen. Das Wohl der Kunden ist auch unser Wohl. Bleiben sie aus, müssen wir zusperren.

Um die zwei Welten in den Köpfen zusammenzubringen, bedarf es immer eines Sprunges. Vom Wollen der Einzelnen wird zum Willen der Firma und zu den Regeln des Marktes gewechselt. Du siehst, dass der Sprung aus der eigenen Welt in die Welt des Unternehmens von einem Schulterzucken oder einem leichten Seufzen begleitet wird. Viele seufzen. So ist es eben, sagen sie. Da kann man nichts machen. So ist das Wirtschaftsleben. So sind die Marktgesetze. So ist die Welt.

Du lernst in den Gesprächen, dass die Welt des Unternehmens über die eigene Notwendigkeit gestellt wird. Irgendwie wird es schon gehen. Es wird schon nicht so schlimm kommen. Du hörst in den Gesprächen, dass alle die Denkweise des Unternehmens in ihren Köpfen tragen. Weil sie Teil des Unternehmens sind, müssen sie an die in der Marktwirtschaft gültigen Regeln glauben.

Die Regeln des Marktes erzwingen vorauseilende Unterwerfung. Wer Arbeit haben will, muss den schönsten Anzug anziehen. Wer die Arbeit behalten will, muss zu Sonntagsarbeit bereit sein. Wer im Konkurrenzkampf bestehen will, muss am Sonntag öffnen. Wenn einem Unternehmen vom Umsatz ein Siebentel oder mehr wegbricht, geht das Unternehmen zugrunde. Der Marktanteil muss gehalten werden.
Auf die Frage, warum das so sei, hörst du nie eine befriedigende Antwort. Es sei doch bekannt, dass der Niedergang von später konkursreifen Unternehmen über Umsatzrückgänge gelaufen sei. Es sei bekannt, dass man auf Umsatzrückgänge nur durch Schließung von Filialen und Entlassung von Personal reagieren könne. Außerdem wandert der verlorene Umsatz zur Konkurrenz. Wenn die Kunden zur Konkurrenz abwandern, ist es zum Zusperren nicht mehr weit.
Du denkst: Das Spiel der Wirtschaftsunternehmungen läuft wie das Ostereiersuchen einer Kindergartengruppe ab. Jeder rennt mit ganzer Kraft, damit er so viele Eier wie möglich für sich finden kann. Nebenbei wird gerempelt und ein Bein gestellt. Stehen zwei zur gleichen Zeit vor einem Ei, kämpft man darum. Der Stärkere oder der Wendigere siegt und frisst. Als müsste man die Regeln des Anstandes vergessen, wenn man den freien Markt betritt. Nur weil etwas nach den Regeln des Marktes logisch ist, ist es nicht klug, denkst du. Wenn die Regeln des Marktes Dummheit erzwingen, begeht man eben Dummheiten. Auch wenn man gleichzeitig im privaten Denken erkennt, dass das eine Dummheit ist.
Leider ist die Welt so, sagt er und seufzt ein wenig und zuckt mit den Achseln. Leider ist der Konkurrenz alles zuzutrauen. Leider geniert sich die Konkurrenz nicht.
Die anderen sind Ausreden für eigene Dummheit. Die eigene Dummheit wiederum ist den anderen Ausrede für ihre Dummheit.

Du stellst dir die Frage, warum erwachsene Menschen, darunter einige mit Hochschulabschluss, so ein Spiel spielen.
Es ist dir unerklärlich, warum die Politik, die nicht unter dem Sachzwang des Kindergartenspiels namens Marktwirtschaft steht, durch Privatisierung eine für uns alle bessere Welt bewirken will. Warum man nicht sieht, dass das nicht zusammengeht. Warum die Utopie der Marktwirtschaft wirksam werden darf. Warum andere Utopien nicht wirksam werden dürfen.
Als gäbe es in allen Köpfen ein Gesetz, demnach nur Dummheit regieren darf.

Elf

Ein halbes Jahr lang hast du österreichisches Wirtschaften an einem Beispielfall betrachtet. Du hast mit Menschen gesprochen, die den Gang der Wirtschaft bestimmen.
Zu Beginn deiner Arbeit hast du beschlossen, alles, was dir aus zweiter Hand bekannt gewesen ist, zu vergessen. Mit naivem Blick und vorurteilsfrei, hast du beschlossen. Auf die Menschen schauen. Herausfinden, was sie antreibt und wie sie denken.
Mitten in der Arbeit hast du festgestellt, dass das Wirtschaften genauso funktioniert, wie man hören und lesen kann. Die Konkurrenz zwischen den Großen der Branche führt zu Kämpfen um die Vormacht wie im Tierreich. Wenn zwei Hirsche zur Brunftzeit wegen der Hirschkühe mit den Geweihen aufeinander losgehen. Die Hirschkühe der Wirtschaftstreibenden sind die Kunden. Man kopiert einander, man stell Verkäufer und Manager des Konkurrenten ein, man drückt sich gegenseitig die Preise unter den Deckungsbeitrag, man baut Filialen möglichst nahe zu den Filialen des Konkurrenten, man spioniert und ahnt voraus und bemüht sich, immer der Erste und der Schnellere und der Größere,

vor allem aber der Bessere mit dem größeren Gewinn zu sein. Als ein großer Konkurrent zwei kleine Einrichtungshausketten kauft, tut sich das von dir besuchte Unternehmen mit der drittgrößten Kette im Land zusammen, wogegen der Konkurrent ein Kartellrechtsverfahren einleiten lässt.
Im Versuch, den Konkurrenten möglichst deutlich sichtbar zu schlagen, ist man so weit gekommen, dass sich die einzelnen Filialen weder äußerlich noch im Inneren unterscheiden. An den Waren, die bald aus den gleichen Produktionsfirmen stammen werden, hängen Preisschilder mit nahezu gleichen Ziffern. Das Signal an die Kunden heißt: Was der andere kann, das können wir auch.
Gleichzeitig haben die zwei Großen manche Lieferanten in der Hand. Die Produkte einer Möbelfabrik, die mit dem Preis nicht hinuntergeht, werden aus dem Sortiment fliegen. Man drückt die Preise, so weit es geht. Während man sich als großer Arbeitgeber feiern lässt, zwingt man die Zulieferer zum Automatisieren und Kündigen. Früher hat man mit den Lieferanten zusammengearbeitet, weil man sie als Partner für gemeinsame Weiterentwicklungen gesehen hat. Jetzt lässt man auch eigene Marken bauen, um als unverwechselbar zu gelten.
Du denkst: Der nächste Schritt müsste die Fusion der zwei großen Möbelhändler sein. Beide Unternehmen können nur gewinnen, wenn sie ihre Energie nicht in den Konkurrenzkampf, sondern in gemeinsame Verkaufsanstrengungen stecken. Bis es so weit ist, sind auf dem Schlachtfeld viele Einzelhändler so nebenbei draufgegangen. Leider erlaubt ein dummes Kartellgesetz den Zusammenschluss der Großen nicht. Doch sie werden sich hinter den Kulissen einigen, wie man es von den Banken und den Mineralölfirmen und der Baubranche kennt.
Dass Konkurrenz für die Kunden Vorteile bringt, ist eine Behauptung, für die du keine Bestätigung in der Wirklichkeit findest. Der einzige Vorteil ist, dass man für einige Wa-

ren weniger bezahlt als ohne Konkurrenz. Die Liste der Nachteile ist wesentlich länger.
Du hast gelernt: Das System Marktwirtschaft ist für Problemlösungen ungeeignet. Das System der Marktwirtschaft will keine Probleme lösen, die nicht mit dem eigenen Vorteil zu tun haben. In diesem System will man nur Gewinn machen. Für die Kosten der Schäden aus diesem Verhalten muss der Staat aufkommen, für den Lebensunterhalt der Arbeitslosen, für die Müllbeseitigung, für die psychisch Erkrankten, für die Zufahrtsstraßen, die Kindergärten, die Umweltschäden und noch viel mehr.
Du hast gedacht: Es gibt eine Logik und eine Denkweise, die alles in der Welt an einen genau definierten Platz stellen kann. Der Blick in das Wirtschaftsunternehmen hat dir so anschaulich wie noch nie gezeigt, dass es gleichzeitig nebeneinander existierenden Logiken gibt. Zwei Welten wohnen in den Köpfen.
Es ist legitim, Gewinn zu machen. Mit diesem Glaubenssatz, der so leicht in den Kopf geht, kann sich jeder anfreunden. Womit sich alle Unverträglichkeit zwischen den Logiken auflöst. Die Logik der Wirtschaft siegt über alles Denken, weil die Welt nur durch Mitspielen zu bewältigen ist. Dieser Schluss, den jeder Einzelne in einem Wirtschaftsunternehmen irgendeinmal zieht, ist der Trugschluss, der jeden Widerstand erstickt. Im Augenblick des Dreinfügens geschieht der Bruch von der Selbstbestimmung zur Fremdbestimmung.
Statt die Welt im Kopf zu verändern und die Sachzwänge als ungültig zu erklären, verändert man sich lieber selbst.

Zwölf

Einmal hast du Schafe gehabt. Eines der Neugeborenen hast du manchmal auf den Arm genommen. Es hat sich immer mit aller Kraft gewehrt. Nach drei Wochen hat es

einen Augenblick gegeben, den du seither im Bewusstsein hast, als geschähe es jetzt:
Der kleine Bock wehrt sich. Dreht den Kopf zur Seite. Strampelt mit den Beinen. Schreit mit seiner kleinen stimme. Wendet sich zur Mutter, die zu dir kommt und blökt. Sie will ihr Kind zurück. Du hältst das Böckchen am Arm und drückst den Kopf an deine Brust. Streichst sanft, aber bestimmt über den Kopf. Den Hals. Den Rücken. Plötzlich hört das Tier zu zappeln auf.
Heute noch spürst du diesen Bruch. In einem Augenblick hat das Böckchen seinen Widerstand aufgegeben und die Berührung genossen. Von dieser Sekunde an ist dieses Tier im Gegensatz zu allen anderen Schafen zu dir gelaufen, wenn du in den Stall oder auf die Weide gegangen bist. Die Mütter, die dich schon über Jahre gekannt haben, haben bei der geringsten, zu schnellen Bewegung die Flucht ergriffen. Dieses eine Böckchen hat seinen Kopf an deinen Hosenbeinen gerieben, du hast es immer wieder hochgenommen und gestreichelt. Auch allen anderen Menschen gegenüber hat dieses Schaf die Scheu verloren, und vor allem die Kinder haben gerne mit ihm gespielt. Sind mit ihm um die Wette gelaufen. Haben es gefüttert und gekrault.
Du hast nie wieder einem deiner Schafe den Widerstand gebrochen. Der Augenblick der Hinwendung zu dir, weil du einfach stärker gewesen bist, ist trotz der Versüßung durch Berührung ein Dreinfügen gewesen, das du nicht als Triumph, sondern als Schmerz empfunden hast. Der Bruch war in seiner Wirkung stärker als jede Schlachtung. Weil ein Teil der Natur des Schafbockes zerstört worden ist. Ein Teil gestorben ist. Von dir erdrückt.
Du denkst: Dieser Augenblick einer Zähmung, der uns allen in der Kindheit passiert, ermöglicht es später, dass die eigene Welt im Kopf einer fremden Welt untergeordnet wird. Bleibt nur die Hoffnung auf eine Generation von Wilden.

Dreizehn

Du hörst immer wieder, dass es für das Unternehmen nur ein Ziel gibt. Das Ziel nennt sich Geschäfte machen. Geschäfte machen bedeutet, Geld zu verdienen.
Das Unternehmen wendet eine sehr einfache Methode an, um das Ziel zu erreichen. Man kauft Waren ein und verkauft sie teurer an die Kunden weiter. Die Handelsspanne bringt Geld für die Kosten und den Gewinn.
Nur wenn die Kunden kaufen, kann Gewinn erzielt werden. Daher müssen die Kunden bedient, umworben und zu treuen Kunden gemacht werden. Eine Reihe von erprobten Maßnahmen wird dafür verwendet. Man wirbt mit dem angeblich günstigen Preis der Ware, lobt ihre Qualität, präsentiert sie so gut wie möglich in den Schauräumen. In einem mit dem Nötigen versorgten Land geht man verstärkt dazu über, Bedürfnisse zu wecken, indem die Waren mit immer modischerem Design gestaltet werden. Die Leute sollen neue Möbel kaufen, auch wenn die alten noch viele Jahre ihre Funktion erfüllen.
Die Verkäufer sind notwendige Hilfskräfte, gleichzeitig sind sie Kostenfaktoren. Da es so viele Arbeitslose auf dem Arbeitsmarkt gibt, ist es dem Unternehmen möglich, durch neue Arbeitsverträge weniger als früher zu bezahlen. Die Eifrigen werden durch Umsatzbeteiligung gehalten. Das System der Umsatzprozente verlagert Teile des Unternehmerrisikos auf die Arbeitnehmer. Wenn ein Kunde nicht bezahlt, gilt der Verkauf nicht als Umsatz. Wenn das Geschäft schlechter läuft, gibt es weniger Lohn. Überdies bringt man die Arbeitnehmer in eine Konkurrenzsituation und behindert ihre Solidarisierung.
Du denkst: Ob die zunehmend kompromisslosere Haltung praktiziert wird, weil die sogenannten Spitzenmanager fast ausschließlich Männer sind. Auch alle Geschäftsführer sind

Männer. Eine Frau hat den Weg nach oben geschafft. Statt ihr eine Filiale anzuvertrauen, hat man sie zur Chefsekretärin gemacht.
Das Unternehmen wird wie alle Wirtschaftsunternehmen nach weltweit gültigen Regeln zwangsläufig auf eine ganz bestimmte Art geführt: Man muss auf die Sachzwänge, die eine logische Folge des Gewinnstrebens sind, optimal reagieren. Die Waren dürfen nicht zu teuer und nicht zu billig sein, die Qualität muss dem Preis entsprechen, die Mitarbeiter müssen gleichzeitig Druck spüren und motiviert werden, die Filialen dürfen nicht zu groß und nicht zu klein sein. Alle Faktoren sind Rechengrößen.
Große Unternehmen wie jenes, das du besucht hast, versuchen auf alle Faktoren zu ihren Gunsten Einfluss zu nehmen. Das bedeutet nicht nur, Betriebsräte zu verhindern und Konkurrenten zu kaufen. Man fordert auch Hilfestellung durch den Staat. Alles soll zum Wohle der Wirtschaft geschehen. Die Universitäten sollen gute Verkäufer und Kaufleute und Computerspezialisten ausbilden, statt Philosophen und Theaterwissenschaftler. Wenn die Geschäfte am Sonntag offen halten, soll der Staat die Kindergärten am Sonntag öffnen. Öffentlich argumentiert man mit der sogenannten Wettbewerbsfähigkeit. Als müsste der Möbelhandel in Österreich mit dem Möbelhandel in Südkorea oder in Frankreich konkurrieren.
Der Spitzenmanager eines Handelsunternehmens sagt: Die Politiker, zwei Drittel davon sind pragmatisierte Beamte, und ein paar Kammerfunktionäre beschließen Gesetze, von denen sie glauben, dass sie der Wirtschaft nützen. Beamte und Kammerfunktionäre, etwa ein Kohlenhändler mit fünf Angestellten, reden davon, dass sie Arbeitsplätze schaffen.
Am besten wäre eine Autorität, die weiß, wie man Entscheidungen trifft. Wer eine Gemeinderatssitzung verfolgt, kann hören, worüber dort stundenlang geredet wird. Es geht um

Ideologie und Parteiinteressen, dabei könnte die Sachfrage von einem klugen Mann in wenigen Minuten mit ein paar guten Ideen gelöst sein.
Du denkst: Es mag sein, dass manchen Wirtschaftstreibenden ein politisches System wie in Singapore am liebsten wäre. Leider gibt es Gesetze, die den Gewinn verringern. Das kürzlich erlassene Verbot, neue Einkaufszentren auf der grünen Wiese zu errichten, ist für die großen Handelsunternehmen ein rotes Tuch.
Am liebsten hätte der Handel Konsumenten, über die man alles weiß, und die mit Hilfe von Werbung in jede von der Wirtschaft gewünschte Richtung gesteuert werden können. Es hätte für die Kunden große Vorteile, wenn man mehr über sie wüsste. Man könnte gezielter werben und die Kunden müssten nicht über die Flut von Prospekten jammern.
Je länger du durch das Unternehmen gehst, desto deutlicher wird dir: Die Behauptung, Gewinn zu machen sei notwendig, ist ein Bild der Welt im Kopf.
Du weißt: Es könnte andere Gesellschaftsordnungen geben. Es genügte, eine andere Behauptung als erste Forderung an alle Menschen zu richten. Die Forderung könne lauten: Liebe deinen Nächsten wie dich selbst. Du kannst dir auch andere Werte als oberste Norm vorstellen. Eigennutz als höchster Wert kann nicht die letzte Weisheit sein.
Du hörst jedes Mal, wenn die Notwendigkeit des Gewinnmachens betont wird, wie fest und stark die Behauptung gesagt wird. Als letztes Argument gegen eine Veränderung hörst du: Es bräuchte andere Menschen. Sie wissen doch, wie es im Ostblock zugegangen ist. Der Eigennutz liegt in der Natur unserer Psyche. Damit muss man sich abfinden.
Die Natur also ist es, die ein Unternehmen zwingt, Gewinne zu erwirtschaften. Die Natur ist jene über den Menschen stehende Größe, der wir unterworfen sind wie die Unter-

nehmen dem Zwang zum Gewinnmachen. Als wäre unser Leben ein Wirtschaftsunternehmen.
Einer sagt: Wenn du keinen Gewinn machst, musst du zusperren und tausende Menschen stehen auf der Straße. Die Konkurrenz reibt sich die Hände und übernimmt deinen Marktanteil. Keinen Gewinn zu machen, verändert die Welt nicht. Es schadet nur dir selber.
Ein Unternehmen muss genauso wie alle anderen spielen. Alle in der Wirtschaft Tätigen sind Getriebene. Den Besitzer eines Unternehmens trifft keine Schuld an unserer Weltordnung. Gleichzeitig erzeugt jedes einzelne Unternehmen jenes System, bei dem mitzuspielen alle anderen sich gezwungen sehen.
Jeder ist zugleich Täter und Opfer. Jeder ist in Unschuld schuldig.
Du weißt: Die angebliche Notwendigkeit, Gewinn zu erwirtschaften, ist eine These, an die nur jene glauben können, die am Gewinn beteiligt sind.
Du denkst: Wer trotzdem an die Notwendigkeit von Gewinn glaubt, müsste für ein Jahr als Indio im brasilianischen Dschungel leben. Als Schwarzer in einer amerikanischen Großstadt. In den Slums von Manila. Als Straßenkind in Moskau. Als Arbeitsloser mit einem Schein, auf dem steht: Schwer vermittelbar.
Die bei uns gültige Weltordnung baut auf Verschleierung von Ausbeutung. Das ist so schwer zu erkennen, weil das System aus Geld und Arbeit und Gewinn und Leistung und gerechtem Lohn und Anspruch und Sozialgesetzen als bunt bemalte Decke über der Ungerechtigkeit liegt. In jedem Preis, der für eine Ware bezahlt wird, ist ein kleiner Teil für den Gewinn bestimmt. Angeblich fünf Prozent des Preises, sagt man. Andere reden von fünfzehn Prozent. Im Unternehmen hörst du nichts über den Gewinn. Der Gewinn ist das größte Betriebsgeheimnis.

Fünf oder zehn Prozent Gewinn in den Preisen versteckt fällt kaum auf. Ein Teil des Gewinns wird verwendet, um den Lebensunterhalt der Eigentümer eines Unternehmens zu finanzieren. Das ist notwendig und gerecht. Die Ungerechtigkeit meint jenen Teil des Gewinns, der als Kapital übrig bleibt. Mit dem Kapital ist es dem Unternehmen theoretisch möglich, jedes Jahr ein dreihundert Millionen Schilling teures Einrichtungshaus hinzustellen und mit einem Schlag viele der in der Region noch tätigen Kaufleute und Tischler zum Zusperren zu zwingen. Für die Kunden mag dadurch mancher Kasten billiger werden, wenn sie die längeren Fahrstrecken nicht mitrechnen.
Du behauptest: Eine Wirtschaftsordnung, die auf Ungerechtigkeit basiert, ist zum Scheitern verurteilt.
Diese Welt, behauptest du, stinkt zum Himmel. Wie sie golden glänzt, glauben viele an sie. Vor dem Gestank müsste jeder fliehen.
Die Welt im Kopf ist geruchlos.

Vierzehn

Du weißt: Du fügst der tausendsten Beschreibung des Kapitalismus die tausendunderste Beschreibung hinzu. Nach sechs Monaten im Möbelhandel aber versagt dir deine Fähigkeit, in sanftem Spott das Lächerliche der Wirklichkeit herauszukehren.
Du weißt: Keiner zwingt die Konsumenten zu konsumieren. Dieser Punkt bildet die Tür zur Welt in deinem Kopf. Durch diese Tür kannst du in die Welt treten und wirklichkeitswirksam Nichtkonsumieren.
Du weißt: Es ist belanglos, wenn du dem Möbelhandel nicht den winzigsten Gewinn ermöglichst. Doch deine Verweigerung ist alles, was du hast.
Alles ist mehr als sehr viel.

Vladimir Vertlib

Die Bank der kleinen Leute

„Ausruhen sollte man sich nie auf irgendwas.
Man darf nicht stehen bleiben!
Es geht immer voran, und es muss immer Verbesserungen geben,
und es geht immer aufwärts,
obwohl es gibt natürlich immer auch Leute,
die durch den Rost fallen"

Ein Mitarbeiter der BAWAG

Der folgende Text handelt von einer österreichischen Bank mit dem Namen BAWAG (Bank für Arbeit und Wirtschaft). Diese Bank existiert tatsächlich. Das meiste, was in diesem Text über die BAWAG geschrieben steht, entspricht der Wahrheit. Aber nicht alles! Personen, soweit nicht namentlich genannt und in der Form der namentlichen Nennung mit lebenden oder verstorbenen Personen ident, sind reine Fiktion des Autors. Ähnlichkeiten mit Mitarbeiterinnen und Mitarbeitern der BAWAG sind unbeabsichtigt und zufällig.

„Ich versuche, nicht gewissenlos zu werden.
Das wird mir auch angekreidet."
Ein Mitarbeiter der BAWAG

Prolog
oder wie mir der Engel Administrator nach Jahrzehnten des Nichtstuns eine Aufgabe übertragen hat

Ich heiße Jacques Freundlich, eigentlich Doktor Jakob Freundlich, aber so hat mich schon lange niemand mehr genannt. Seit fast fünfzig Jahren bin ich tot, was nicht sehr lange ist, eigentlich nur der Hauch eines Augenblicks, insbesondere wenn man es mit der Todeszeit so vieler vergleicht, die ich hier oben kennenlernen durfte und die mir in all den Jahren lieb und teuer geworden sind.
Bevor ich zum eigentlichen Kern meines für einen Toten etwas ungewöhnlichen Berichtes komme, möchte ich diesem, auch des besseren Verständnisses der Zusammenhänge wegen, einige Wort zu meiner Person voranstellen, ohne den geneigten Leser mit uninteressanten oder allzu persönlichen Details zu langweilen: Geboren wurde ich am 18. November 1874 in Gänserndorf bei Wien als sogenanntes „Bahnhofskind", weil meine Mutter nach dem frühen Tod meines Vaters als Pächterin die Bahnhofsrestauration meines Heimatortes führte. Während meines Studiums der Jurisprudenz in Wien trat ich der Freien Vereinigung sozialistischer Studenten bei. Die Ideen des Marxismus und die Sozialdemokratie begeisterten mich. Ich lernte in jenen Jahren Max Adler, Otto Bauer und vor allem Karl Renner kennen, mit dem mich fortan eine tiefe Freundschaft verband (es ist schade, dass er nach seinem Tode nicht so weit hinaufkam, wie ich hinaufdurfte, so dass es wohl noch einige Jahrtausende dauern wird, bis ich ihn wieder treffe). Sozialdemokrat bin ich mein Leben lang und auch über den Tod

hinaus geblieben. „Der Arbeit ihre Ehre, dem Arbeitsmann sein Recht!“ war und blieb meine Devise.
Aktiver Politiker bin ich dennoch nie gewesen, wiewohl ich oft an politischen Diskussionen teilnahm und als aktives Mitglied der Sozialdemokratie nach dem Ersten Weltkrieg mit meinen bescheidenen Fähigkeiten zum Aufbau und zur Festigung einer gerechteren Gesellschaft beizutragen versuchte.
Im Jahre 1922 gründete ich zusammen mit meinem Freund Karl Renner die „Arbeiterbank“, welche heute „Bank für Arbeit und Wirtschaft“, abgekürzt BAWAG, heißt, deren Präsident ich bald wurde. Meine Tätigkeit für die Arbeiterbank – der ersten Bank in Österreich, die nicht den Interessen des Großkapitals, sondern jenen der arbeitenden Klasse diente – war es denn auch, was den Engel Administrator bewog, mir die folgende Arbeit anzutragen. Doch davon später.
Zu meiner Person sei noch bemerkt, dass auch ich, wie so viele andere fortschrittlich denkende und handelnde Menschen, nach den Erfahrungen der Ständestaatzeit, die schon leidvoll genug waren, den dornigen Weg der Emigration gehen musste, als Hitlers Truppen in Österreich einmarschierten. Auch heute, so viele Jahre nach meinem Tod, fällt es mir schwer, über diese Zeit zu sprechen. Über Zürich, Paris und Südfrankreich gelang es mir schließlich, in die USA zu flüchten. Wie viele andere Vertriebene hatte ich nach Ende des Krieges und dem erlebten Leid kein starkes Bedürfnis mehr, nach Österreich zurückzukehren, in ein Land, wo uns keiner mehr wollte. Zur Rückkehr nach Wien hat sich jedoch meine Tochter Elisabeth entschieden. Sie wurde später eine bekannte Schriftstellerin. Ich hingegen ließ mich 1950 in der Schweiz nieder, doch schon am 9. November 1951 bin ich in Zürich gestorben.
Der Engel Administrator platzierte seine Sätze wie immer schnell und präzise in den himmlischen Raum und kam bald zum Kern des Gesprächs. Ich wusste, dass Freundlichkeit

nicht zu den Charaktereigenschaften des Engels gehörte. Diesmal war er aber noch mürrischer als sonst. Hätte ich sein Gesicht sehen können, wäre es ohne Zweifel eine jener runden, klobigen, vielleicht auch etwas verschmitzten Bauerngesichter gewesen, die man manchmal auf alten Gemälden studieren kann. Aber Engel haben kein Gesicht, nur eine Stimme.

„Sie waren in den zwanziger und dreißiger Jahren des zwanzigsten Jahrhunderts Präsident der Arbeiterbank in Wien?" frage der Engel.

Ich nickte.

„Sie haben mitbekommen, was geschehen ist, nicht wahr?"

„Nein. Was?"

„Sie sollten den Zuständen da unten größere Aufmerksamkeit widmen. Schließlich sind Sie noch nicht lange tot."

Wenn ich noch meinen Körper mit all seinen Körperfunktionen gehabt hätte, wäre ich in diesem Augenblick zweifelsohne rot geworden, obwohl ich mir eigentlich keiner Schuld bewusst war. Während meines Lebens hatte ich – bei Gott! – Gelegenheit, die Welt von ihrer dunkelsten Seite kennenzulernen. Sollte ich jetzt, nach meinem Tod, oft und genau hinunterschauen, dorthin wo es nach Körperschweiß, Blut, Pulver und Tinte roch, und Erinnerungen wieder hervorholen, welche Wolken und Himmel gnädigerweise zugedeckt hatten?

Der Engel erzählte währenddessen eine Geschichte, der ich nur deshalb Glauben schenkte, weil ich wusste, dass Engel nicht lügen. Die Europäische Union habe, erklärte der Engel, in diesem Frühjahr für die Dauer einer Woche ein Symposium mit dem Titel „Eigenarten europäischen Wirtschaftens: Stärken, Schwächen, Mentalitäten" in Brüssel geplant. Repräsentative Unternehmen aus allen EU-Mitgliedstaaten seien dazu eingeladen worden, eine begrenzte Anzahl von Mitarbeitern aus allen Hierarchieebenen nach Brüssel zu schicken, um an Diskussionen teilzunehmen, Erfahrungen auszutauschen und ein gemeinsames Thesenpapier zu erarbeiten. Österreich hätte mit einer Firma aus dem Bereich der Nachrichtentechnik, einem High-Tech-Unternehmen, einer Möbelfirma, einem Stahlkonzern und einer Bank – der BAWAG – vertreten sein sollen.

„Hätten vertreten sein sollen?", fragte ich, und es überkam mich ein unangenehmes Gefühl, weil ich des Engels Charakter gut kannte und schon vage zu ahnen begann, was geschehen war und was auf mich zukam.

„Das Flugzeug mit den Firmenvertretern ist leider beim Anflug auf den Flughafen Brüssel abgestürzt."

„Ach!"

„Ein defektes Triebwerk, ein hysterischer Pilot und äußerst mangelhaft ausgebildete belgische Fluglotsen… Ich werde für die Umgekommenen und ihre Familien beten."

„Amen."

„Das Symposium wurde aus diesem Grund auf einen späteren Zeitpunkt verschoben."

„Ach ja?"

„Die Opfer schweben noch in jenem Zustand zwischen Erde und Himmel, wenn die Seele schon emporgestiegen ist, der Geist aber den irdischen Dingen noch viel näher ist als den himmlischen. Die Menschen wissen, dass sie tot sind und wollen es doch noch nicht so richtig wahrhaben. Sie können sich sicher noch an diesen Zustand erinnern."

„Natürlich. Herbst Einundfünfzig. So als wär's gestern gewesen."

„Ich finde es schade, dass das Symposium nicht stattfindet. Ich mag alle Arten von Veranstaltungen, mische mich als unbemerkter Gast unter die Teilnehmer. Vor kurzem war ich wieder einmal auf einem Fußballplatz. Ich finde gerade dieses Jahrhundert in all seinen Facetten äußerst interessant und lehrreich."

„Mhm", murmelte ich und dachte plötzlich, dass es vielleicht keinen großen Unterschied macht, ob man sich nach seinem Ableben mit Engeln herumschlagen muss oder mit jenen fellüberzogenen und gehörnten Wesen, deren Namen auszusprechen mir strengstens verboten ist.
„Aber diesmal habe ich etwas noch viel Spannenderes vor", setzte währenddessen der Engel fort, „denn es ist ein Glücksfall, dass Sie gerade mir unterstellt sind – Sie haben die BAWAG mitbegründet, Sie werden für mich einen Bericht darüber verfassen, was aus ihrer Bank nach all den Jahrzehnten geworden ist. Wie sehen gerade Sie, ein engagierter Utopist und gleichzeitig Pragmatiker der ersten Hälfte des 20. Jahrhunderts, die Eigenarten österreichischen Wirtschaftens heute? Sie werden den Umstand ausnützen, dass sich diese beim Flugzeugabsturz ums Leben gekommenen Menschen in einer Zwischenwelt befinden und dass noch nicht alles Irdische von ihnen abgefallen ist. Sie werden mit ihnen reden und deren Arbeitsumfeld studieren. Ich bin neugierig, wie Sie diese Aufgabe meistern."
All dies waren trocken formulierte Befehle. Typisch für den Engel Administrator ist, dass er die absurdeste, die lächerlichste Idee so formuliert, als handele es sich um einen militärischen Lagebericht. Nun fehlt noch, dachte ich, dass er sein größtes Steckenpferd, die Große Himmlische Bibliothek, mit der mir gestellten Aufgabe in Zusammenhang bringt.
„Sie haben recht", sagte der Engel, denn er hatte wieder einmal meine Gedanken gelesen. „Selbstverständlich wird ihr Bericht einen Ehrenplatz in meiner Himmlischen Bibliothek einnehmen, die ich, wie Sie wissen, nach dem Jüngsten Gericht nicht nur wie bis jetzt Engeln und ausgewählten Verstorbenen, sondern auch der breiten Öffentlichkeit zur Verfügung stellen werde."
Ich wunderte mich, weswegen der Engel Administrator nicht einen Jüngeren und Kompetenteren für diese Aufgabe

bestimmt hatte, jemanden also, der sowohl seine Mentalität, seinem Wissen und seiner Sprache nach die Menschen von heute besser zu verstehen vermochte. Schließlich bleibt man hier oben gerade mit seinen epochenbedingten Weltanschauungen und Vorurteilen allein. Die irdischen Dinge treten zurück. Den anderen Verstorbenen nehmen wir nur in der Essenz seiner Menschlichkeit wahr und nicht als Kind seiner Zeit.

Ich erkannte, dass mir der Engel Administrator eine Aufgabe zumutete, deren Scheitern schon im Ansatz erkennbar war. Aber vielleicht lag gerade darin ein höherer Sinn, der uns einfachen Verstorbenen verborgen bleibt. Vielleicht war gerade das etwas, war dem Engel Vergnügen bereitete. Vielleicht wollte er mir nach Jahrzehnten des Nichtstuns und des reinen Daseinsgenusses vor Augen führen, dass auch ich nur ein armer, sündiger Verstorbener war.

An dieser Stelle wird mir der geneigte Leser einige Anmerkungen zur Person des Engels erlauben. Er ist – wie die meisten leitenden Engel – ein Märtyrer des Glaubens. Der Glauben selbst, ob es sich nun um das Christentum, Judentum, den Islam, Hinduismus, Kommunismus oder eine andere Religion handelt, ist in diesem Zusammenhang zweitrangig. Wesentlicher ist, dass der Märtyrer für seinen Glauben gelitten hat und gestorben ist. Beim Engel Administrator muss man jedoch eher von einem Grenzfall, denn von einem zweifelsfreien Märtyrertod sprechen. In der Tat wurde er um das Jahr 300 als Christ von den Schergen Diokletians ermordet, doch lassen die Umstände seines Ablebens all jene typischen Merkmale vermissen, die man gemeinhin mit dem Märtyrertod in Zusammenhang bringt. Der Engel – damals hieß er noch Lucullus – war ein junger Hirte in Hispanien. Die Schergen, welche schon fast die gesamte Einwohnerschaft von Lucullus' Dorf massakriert hatten, während dieser mit seiner Schafherde in den Bergen gewesen war, griffen ihn am Rande des Dorfes auf. Unwissend und sorglos befand er sich auf den Weg nachhause. Einer der Schergen brüllte Lucullus eine Frage ins Gesicht. Ob er Christ sei, wird er ihn wohl gefragt haben. Zu jenem Zeitpunkt war Lucullus jedoch noch etwas schwer von Begriff. Auch wird der Scherge kein Hispanier gewesen sein, so dass Lucullus dessen Mundart nur schwer verstehen konnte. Also antwortete er nicht, sondern blickte seinen Widersacher lächelnd an … Im Jenseits stellte Lucullus fest, dass er – Leibeigener, Analphabet und einer der Ärmsten im Dorfe – nun als Märtyrer zu den Privilegierten gehörte. Ein anderer hätte sich wohl mit einem angenehmen Dasein im Paradies begnügt, doch Lucullus wollte noch höher hinaus – erst jetzt kamen Ehrgeiz und Hartnäckigkeit durch, die in seiner Persönlichkeit bis dahin nur geschlummert hatten –, und dies war der Anfang einer äußerst erfolgreichen Karriere post mortem. Etwa hundert Jahre brauchte er, um sich umfassend zu bilden. Und nicht einmal tausend Jahre nach seinem Tode hatte er sich schon zum Engel Administrator im ersten Kreis des Fegefeuers emporgearbeitet, in jenem Teil der himmlischen Sphäre, die für Minderbelastete reserviert ist, wo die interessantesten und angenehmsten Menschen zu finden sind und wo auch meine Wenigkeit wohl noch einige Jahrhunderte verbringen wird.

Nun sah ich meine Aufgabe einerseits als Strafe an – schließlich ist der erste Kreis des Fegefeuers nicht das Paradies, auch wenn man hier selten „gemartert" wird und sich das Dasein nur wenig vom paradiesischen Zustand unterscheidet –, andererseits war es der Ausdruck von des Engels Sturheit. Wie abstrus ein Gedanke, wie unsinnig eine Überlegung auch sein mag, der Engel weicht keinen Zentimeter von seinem Standpunkt ab, wenn er einmal eine Entscheidung getroffen hat. Diese unerbittliche Sturheit, die fast an Stumpfsinnigkeit grenzt, dürfte noch vom Ursprungscharakter des Engels aus seiner irdischen Zeit herrühren. Jedenfalls weiß ich, dass es nicht den geringsten Sinn hat, mit dem Engel zu diskutieren. Wer wird es denn auch wagen? Zu streiten? Mit einem Engel?

„Man sollte über das Unternehmen immer wahrheitsgemäß berichten,
dass heißt weitestgehend das Positive.
Auch beim Negativen soll man das Positive hervorstreichen,
aber lügen darf man nicht!“
Ein Mitarbeiter der BAWAG

Erstes Kapitel:
Der Jubilierer

Wenn jemand stirbt, muss entschieden werden, in welchem Teil des Fegefeuers, des Paradieses oder der Hölle er die nächsten Jahrhunderte oder Jahrtausende verbringen muss. Er wird nicht sofort in einen anderen Daseinszustand überführt – statt dessen wird einige Zeit sein normales Arbeits- und Lebensumfeld nachgebildet, ganz in Abhängigkeit von seiner Phantasie und seiner Erinnerung. Bei den Mitarbeitern der BAWAG war es demnach die BAWAG-Zentrale in Wien, in der sie ihre Übergangszeit verbrachten. Natürlich war es nicht das reale Gebäude, sondern nur ein Schattenbild desselben. Mir aber, als etabliertem Toten, war es gegeben, mich an diesen Erinnerungsort zu begeben.
Ein altes Gemäuer, dessen Inneres vor ein paar Jahren modern umgebaut wurde. Dabei (fast) bar jener protzigen Präsentiersucht und angeberischen Selbstdarstellung, die man bei manch anderem Kreditinstitut antrifft. Ein großer, heller Schalterraum, gemütliche Büros, schmucke Ausstellungsräume; in das Gebäude integriert: ein hübsches Kaffeehaus, wo allerdings die Preise etwas abschreckend wirken. Mit Wehmut und leichter Bewunderung für das Neue dachte ich an die Zeit zurück, als ich selbst noch Präsident dieser Institution war. Die Muffigkeit endloser, dunkler Gänge hatte einer beinahe klinischen Sauberkeit Platz gemacht, das laute Klappern der Schreibmaschinen der diskreten Geräuschlosigkeit von Computertastaturen. Selbstverständlich hatte ich

mich als Vorbereitung auf die mir gestellte Aufgabe mit den Eigenarten der modernen Technik, Wirtschaft und Gesellschaft vertraut gemacht. Als Toter ist man in äußerst kurzer Zeit lernfähig. Was mir an wirtschaftshistorischen Kenntnissen fehlte, holte ich schnell nach. Was mir ebenfalls auffiel, war die Selbstsicherheit, mit der sich die Mitarbeiter der BAWAG in ihrem Arbeitsumfeld bewegten, aber auch ihr elegantes Auftreten und ihr zur Schau gestellter Wohlstand. Nichts im Vergleich zu jenen von Existenzsorgen geplagten, sich ungesund ernährenden, ständig übermüdet wirkenden und in einer Mischung von Hast und Unterwürfigkeit durch den Raum gleitenden Angestellten, mit denen ich in meiner Zeit zu tun hatte. Dabei war die Arbeiterbank keine gewöhnliche Bank, die den Interessen des Großkapitals diente. Sie war gegründet worden, um die Mittel der Gewerkschaften zusammenzufassen und profitabel anzulegen, um „… die wirtschaftlichen Interessen der werktätigen Bevölkerung … zu fördern, ihre Sparkraft im Dienste ihrer eigenen wirtschaftlichen und kulturellen Interessen zu organisieren …". Und so konnten unsere Angestellten den Kopf immer höher tragen als deren Leidensgenossen bei vergleichbaren Instituten. Es war meine und auch Karl Renners Ansicht, dass der Sozialismus nur als Resultat eines langen evolutionären Prozesses erreicht werden könne. Deshalb musste man, zum Wohle des Ganzen, auch auf die Methoden des Klassenfeindes wie Wucherkapital und Börsenspekulation zurückgreifen. Wir waren erfolgreich, trotz schwieriger ökonomischer und politischer Rahmenbedingungen. Inflation. Massenarbeitslosigkeiten. Bald gelangten zudem wieder reaktionäre Kräfte an die Macht, jene bürgerlichen Parteien, die sich so unvorteilhaft von der vernünftigen und gemäßigten Haltung unterschieden, die die bürgerliche Welt gegenüber den Sozialdemokraten in anderen Ländern an den Tag legte. Dies machte unsere Arbeit nicht leichter. 1926 wurde

ich Präsident unseres Kreditinstituts. 1929, am Beginn der Weltwirtschaftskrise, und in den Jahren danach bilanzierte die Arbeiterbank hervorragend, zu einem Zeitpunkt als andere österreichische Kreditinstitute schon mit großen Schwierigkeiten kämpften. Im Februar 1934, nach der Zerschlagung der österreichischen Demokratie, wurde die Arbeiterbank als sozialdemokratische Einrichtung zwangsliquidiert, wobei alle Forderungen von Sparern und Gläubigern zu hundert Prozent erfüllt wurden. Ich selbst wurde damals festgenommen und von den Austrofaschisten monatelang in Haft gehalten …
Erst am 3. März 1947 wurde die Arbeiterbank wiedergegründet, unter anderem, um die Gelder des Österreichischen Gewerkschaftsbundes, ÖGB, zu verwalten … Nach meinem Tod habe ich die Entwicklung der Arbeiterbank nicht weiter verfolgt.
Der erste BAWAG-Mitarbeiter, den ich aufsuchte, war leitender Angestellter gewesen, etwa fünfzig, schlank, sportlich, schmales Gesicht, hohe Stirn, elegant gekleidet. Seine Schüchternheit, die Reste einer in jüngeren Jahren wohl noch viel stärker ausgeprägten Unsicherheit und seinen leichten Hang zur Zwanghaftigkeit versuchte er durch Floskeln, Gesten und Bewegungen zu überspielen, die bei aller Routine trotzdem etwas steif wirkten und mehr über ihn verrieten, als ihm lieb war. Der Mann machte auf mich einen sympathischen Eindruck, weil er – trotz allem – nicht vorgab etwas zu sein, was er nicht war und nicht versuchte, seinen Gesprächspartner aufs Glatteis oder gar an die Grenze des Abgrunds zu führen: letzteres eine Eigenschaft, die, zumindest zu meiner Zeit, gerade in Österreich weit verbreitet war.
Dieser Mann, den ich vorerst der Einfachheit halber „Abteilungsleiter" nennen möchte (warum ich die Namen meiner Gesprächspartner nicht preisgeben kann, werde ich gegen

Ende meines Berichtes verraten), war zuletzt, so vermute ich zumindest, in einer Abteilung tätig, die in irgendeiner Weise mit Öffentlichkeitsarbeit zu tun hat. Wo genau – daran konnte er sich nicht mehr erinnern, Folge des nach dem Flugzeugabsturz erfolgten Todesschocks.
Nachdem ich dem Abteilungsleiter mein Anliegen erläutert hatte, war dieser weder überrascht noch skeptisch. Im Gegenteil, er begrüßte mich überschwenglich und meinte, es sei ihm eine besondere Ehre, mich nun auch persönlich kennenlernen zu dürfen, nachdem er schon sie viel Positives über mich gehört hatte. Er freue sich nicht nur, nein, er brenne sogar darauf, all meine Fragen zu beantworten. Wenn sein Tod einen Sinn gehabt haben sollte, dann war es vielleicht gerade dieser, nämlich mir, der an den Ursprüngen seines Unternehmens gestanden sei, dessen Verdienste erläutern zu dürfen.
Dieser Gedanke erschien mir nun doch etwas abwegig, um nicht zu sagen in einer Art und Weise albern, dass ich ihn nur auf den erwähnten Todesschock des Abteilungsleiters zurückführte, der wohl seinen Verstand in Mitleidenschaft gezogen hatte.
Meine erste Frage war naheliegend. „Schildern Sie mir in knappen Worten die Geschichte meiner Bank seit 1950 und informieren Sie mich über die Eckdaten des Unternehmens heute“, bat ich.
„Die Erfolgsgeschichte Österreichs ist auch die Erfolgsgeschichte der BAWAG.“ Leichtes Pathos schwang in seiner Stimme mit. „Im Vergleich zu 1.000 Jahre Österreich nehmen sich zwar 77 Jahre BAWAG gering aus, doch im Vergleich zu nicht einmal 55 Jahre Zweite Republik, 45 Jahre Staatsvertrag und …“
„Ich weiß zwar, dass bei uns im Jenseits immer Feiertag ist“, unterbrach ich in, „aber Sie sollten das doch nicht zu wortwörtlich nehmen. Bitte keine Sonntagsreden!“

„Nach dem Krieg war die Arbeiterbank eine recht kleine Bank mit nur wenigen Filialen." Die Stimme des Abteilungsleiters hatte nun einen sachlichen Ton. „Insbesondere außerhalb Wiens waren wir kaum vertreten. Unsere wichtigsten Privatkunden waren Arbeiter und kleinere Angestellte: wir waren, in der Tat, die ‚Bank des kleinen Mannes', etwas, was auch heute noch Teil unserer Corporate Identity ist. 1963 wurde die Arbeiterbank in ‚Bank für Arbeit und Wirtschaft' umbenannt, um auf diese Art und Weise die Öffnung zur Wirtschaft hin zu unterstreichen und die Erschließung neuer Arbeitsbereiche zu dokumentieren. In der Präambel zu unserer Satzung heißt es, die Aufgabe des Institutes sei es ... der österreichischen Wirtschaft und der arbeitenden Bevölkerung durch ihre geld- und kreditwirtschaftlichen Leistungen zu dienen. In den folgenden Jahren haben wird Bankprodukte für Arbeitnehmer entwickelt, die zu Klassikern wurden. Dazu gehörte vor allem das Kapitalsparbuch – Grundlagen unserer großen Popularität –, das später vom gesamten Bankensektor übernommen wurde. Ein schöner Erfolg – eine Aktion, die auf unsere besondere Kundenfreundlichkeit hinweist – war auch unser Bar-Zustellungs-Kredit. Das waren in barer Münze dargebrachte Kredite für Lohnempfänger. Vor zwanzig Jahren ist der Bankangestellte tatsächlich noch zum Kreditempfänger hingefahren und hat das Geld gegen Quittung ausgezahlt. Heute ist dieser altertümliche Vorgang nicht mehr üblich. In den siebziger und beginnenden achtziger Jahren haben wir eine beispiellose Expansion durchgemacht. Heute haben wir über hundertfünfzig Geschäftsstellen in allen Bundesländern und mehr als 2.500 Mitarbeiter. 1982 haben wir die BAWAG-Leasing-Firma und die BAWAG-Versicherungsgesellschaft gegründet. Ruefa, unser Reisebüro, ist äußerst erfolgreich. Durch die Investition in die Papierfabrik Steyrermühl haben wir über sechshundert Arbeitsplätze gesichert. Durch die Einführung eines Eurosparbuchs schon vor der Einführung des Euro in Österreich haben wir Sparen in allen EU-Währungen möglich gemacht. Bei unserem im Jänner 1996 geschaffenen Generationenkredit werden die Zahlungsmodalitäten auf den Einzelfall zugeschnitten. Nur kurz möchte ich die von uns bereitgestellte Gewerbemilliarde, unsere Exportoffensive, unsere Zusammenarbeit mit der Europäischen Investitionsbank, den EU-Partner-Kredit und unsere Anleihen erwähnen, mit denen wir auch den etwas betuchteren Kundinnen und Kunden unsere Bank schmackhaft gemacht haben. Ausgesprochen wichtig ist auch die Kooperation mit der Allianz, der modernsten Versicherung in unseren Breitengraden. 1997 haben wir als erste Bank im deutschsprachigen Raum eine Vollbank ausschließlich für Tele- und Internetbanking geschaffen – unsere Tochterfirma, die EASY-Bank, eine ‚junge, dynamische, flippige Bank', wie manche ihrer Mitarbeiter sagen. Die tollen Konditionen dieser Bank und der bedingungslose Einsatz ihrer Beschäftigten haben dazu beigetragen, dass die Zahl der Kunden von 3.600 im Jahre 1997 auf über 20.000 im Jahre 1998 gestiegen ist. Zu erwähnen wäre im übrigen auch das Mobiltelephonnetz Max-Mobil, das wir miterrichtet haben, oder der Wiener Lokal TV-Sender W1, an dessen Entstehung wir ebenfalls wesentlich beteiligt waren. Ganz besonders stolz bin ich auf unsere Treasury-Abteilung. Dort, in einem schönen Jugendstilgebäude in Wien, wo dutzende fähige Köpfe, im Halbkreis sitzend, auf unzähligen Bildschirmen die Geschäftsentwicklung auf der ganzen Welt verfolgen, dort, wo Mathematiker Modelle für strukturierte Finanzierungen entwickeln, dort, wo große Vermögen verwaltet werden, wo Devisenhandel großen Stils und Fonds-Management betrieben wird, wo die großen Wanduhren die Börsenzeiten von London, Tokio, New York und Sydney anzeigen – dort schlägt das Herz des Geldes, spielt

Raum keine Rolle, dort sind wir hypermodern, dort spürt man das Image der kleinen, etwas biederen Gewerkschaftsbank in einem Kleinstaat, was wir vielleicht einmal waren, nicht mehr! In der Modernisierung der BAWAG spiegelt sich die Modernisierung Österreichs."

Der Abteilungsleiter war von Satz zu Satz emotioneller geworden. Ich war mir nicht sicher, ob er all das, was er von sich gab, auch tatsächlich glaubte. Vielleicht hatte der Todesschock seine Selbstkontrolle in Mitleidenschaft gezogen.

„Natürlich sind wir im Massengeschäft groß geworden. Unser Kunde ist auch heute in erster Linie der Gehalts- und Lohnempfänger. Dennoch ist bei uns vom Würstelbudenbesitzer bis zum Großkonzern alles vertreten. Die BAWAG ist aber nicht, wie zum Beispiel die CA, eine Industriebank. Mit der Landwirtschaft gibt es hingegen nur wenige Berührungspunkte; dafür sind die Banken der schwarzen Reichshälfte, wenn Sie mir diesen Ausdruck erlauben, zuständig. Dabei sind wir, um beim Thema zu bleiben, nur mehr bedingt eine rote Bank. Von vielen werden wir inzwischen sogar schon als schwarze Bank bezeichnet, weil wir mit der Bayerischen Landesbank eng zusammenarbeiten. 54% unseres Aktienkapitals gehören weiterhin der Gewerkschaft. Aber über die erwähnte Bayerische Landesbank, unseren neuen Aktionär und Partner, haben wir einen guten Zugang zum innerdeutschen Markt."

Der Abteilungsleiter pries sein Unternehmen in einer Weise an, dass mir plötzlich die Bezeichnung „Jubilierer" einfiel. In der Tat erzählte er nicht, er jubelte.

„Unter den Kreditinstituten liegen wir an fünfter Stelle. Die stolzen Zahlen sprechen für sich: Bilanzsumme von mehr als 250 Milliarden Schilling, fast zwei Millionen Kundenkonten, satte Gewinne und eine Dividende von 10%, die an unsere Aktionäre ausgeschüttet wird. Dies mag genügen, um zu zeigen, wie erfolgreich wir sind, denn ich möchte Sie nicht mit Zahlen langweilen. Worauf wir besonders stolz sind, ist die zunehmende Internationalisierung unseres Unternehmens. Kommerzielle Kredite werden verstärkt. Diese Internationalisierung wäre wohl auch ohne Beitritt Österreichs zur EU gekommen, sie ist die Folge der Globalisierung der Weltwirtschaft. Wir haben konkrete Expansions- und Beteiligungspläne für Osteuropa und Hongkong. Ob wir irgendwann einmal Filialen in der ganzen EU oder gar auf der ganzen Welt haben werden, kann ich zur Zeit nicht sagen, aber es wäre durchaus möglich. Im Augenblick sind wir noch eine rein österreichische Bank. Auf Dauer können wir jedoch als Bank des kleinen Mannes nicht überleben. Dic Bank muss sich öffnen. Die kommerziellen Kredite, Wertpapiere, Telebanking, Leasing, Versicherung und ähnliches sind entscheidend für die Zukunft. Irgendwann wird es keine Banken, sondern das internationale branchenübergreifende Totaldienstleistungsunternehmen geben."

„Ja, und ist das für Sie nicht erschreckend", fragte ich... Er verstand sofort, was ich meinte, hatte vielleicht auch schneller als andere Tote Gedanken lesen gelernt. „Ich differenziere zwischen dem Großkapital, beziehungsweise der Hochfinanz, und dem, was wir hier tun. Wir sind hier in Österreich ja immer noch kleine Fischlein im Vergleich zu den großen Haien. Deshalb sind wir auch nicht so abgehoben und verlieren den einzelnen Menschen nicht aus den Augen. Das beinharte Taktieren und über Leichen Gehen ist – im Unterschied zu anderen Kreditinstituten – im Hause BAWAG nicht der Fall. Es gibt Mitarbeiter, die, statt sich buchstabengetreu an die Richtlinien zu halten, etwas offener, man könnte sagen humaner und kreativer vorgehen. Dennoch: in den letzten zehn Jahren ist viel mehr Dynamik in die Bank gekommen. Der neue Generaldirektor ist extrem schnell im Denken. Der Ablauf der Entscheidungsfindung ist sachlich und trocken – eigentlich ganz untypisch für Österreich."

Während er weitersprach, stellte ich mir dieses Totaldienstleistungsunternehmen der Zukunft vor. „Ich möchte meinen Bausparkredit verlängern“, würde ich dort sagen, „eine Pensionsversicherung abschließen, außerdem eine Reise nach Madeira buchen, Vollpension. Ach ja, und dann bitte noch die heutige New York Times und ein Packerl Zigaretten.“
Ich war mir nicht sicher, ob ich dieser Idee tatsächlich viel abgewinnen konnte.
„Stolz sind wir auch auf unsere Pionierleistung auf dem Gebiet des Kunstsponsoring“, sprach der Jubilierer inzwischen weiter. „Schon 1974 haben wir die BAWAG-Foundation gegründet, zu einer Zeit, als man in anderen Unternehmen das Wort Kunst noch nicht einmal richtig buchstabieren konnte. In unseren Ausstellungsräumen mitten in Wien versuchen wir die Akzeptanz künstlerischer Arbeit auf eine breitere Basis zu stellen. Außerdem unterstützen wir Künstler oder fördern Institutionen wie das Burgtheater oder die Wiener Staatsoper. Als einzige Bank in Österreich haben wir eine Abteilung, die den Namen *Werbung und kulturelle Angelegenheiten* trägt. Beim Sponsoring konzentrieren wir uns auf kulturelles und humanitäres Sponsoring. Anstatt Weihnachts-Massengeschenke zu verteilen, spenden wir für humanitäre Zwecke. Zielsetzung ist, das Image unseres Hauses zu heben, insbesondere aber Sympathie bei Kunden und potentiellen Kunden zu gewinnen. Wir haben sogar ein Veranstaltungszentrum, das wir für nützliche Veranstaltungen allen gratis zur Verfügung stellen, allen mit Ausnahme der FPÖ und rechtsradikaler Gruppen. Einmal im Jahr bringen wir sogar ein literarisches Buch heraus – ein Geschenk für unsere Kunden und Mitarbeiter. Auf diese Weise sollen österreichische Autoren gefördert und ein für zeitgemäß erachtetes Literaturkonzept umgesetzt werden.“

„Ja, aber was soll das heißen? Welches Literaturkonzept wird für zeitgemäß erachtet?“
„Wir haben ein System von Erfolgskontrollen, das auf täglicher Medienbeobachtung und -auswertung sowie auf regelmäßiger Marktforschung beruht“, erklärte der Jubilierer. „Das bezieht sich nicht nur auf unsere literarische, sondern auf alle unsere Kunstprojekte.“
„Aber das kann's doch nicht sein“, protestierte ich. „Und wo bleibt die Avantgarde, jene die der Welt etwas entgegensetzen, auch wenn es der durchschnittliche Bürger nicht versteht oder nicht wahrnehmen will?“
„Auch da haben wir ganz klare Vorstellungen“, sagte der Jubilierer. „Wir fördern eine Literatur, die zu verstehen versucht, was die Welt im Innersten zusammenhält. Und das kann nur der realitätsbezogene und künstlerisch veranlagte Tatmensch sein. Denn in einer Zeit, die so komplex ist wie diese, muss die Frage erlaubt sein, ob der Künstler in seinem stillen Atelier oder einsam an seinem Schreibtisch noch imstande ist, die Welt zu erkennen wie sie ist, oder ob er nicht eher Gefahr läuft, einen Realitätsverlust zu erleiden. Die Folge ist, dass man nur die eigene Befindlichkeit zum Gegenstand seiner Betrachtungen macht, exzessiv in sich hineinhorcht und die eigenen, sei's relevanten, sei's belanglosen Reaktionen zum vordringlichen Thema seiner Kunst macht... Dies aber entspricht nicht unserem Kunstverständnis.“
„Aber wer bestimmt, was relevant und was belanglos ist?“ wollte ich wissen. „Wer maßt sich an, diese Grenzen zu ziehen?“
„Schauen Sie“, sagte Jubilierer, nun doch ein wenig, wenn auch kaum merkbar, verärgert. „Wir haben zum Beispiel ein Buch herausgebracht mit dem Titel GELD/MACHT/SINN/lich. Österreichische Autorinnen und Autoren schreiben dort über Kunst und Geld. Darunter so bekannte

und so unterschiedliche wie Marianne Streeruwitz, Franzobel, Antonio Fian, Franz Schuh, Heide Pataki oder Armin Thurnher. In einem unserer anderen Bücher, das sich, passend zum EU-Beitritt Österreichs, mit dem möglichen, neu entstehenden Lebensgefühl des Europäers auseinandersetzt und EUROPA DER SINNE heißt, haben unter anderen Milo Dor, Karl-Markus Gauß, Josef Haslinger, Barbara Neuwirth und Christoph Ransmayer mitgeschrieben. Dies unterstreicht doch die Offenheit unseres Literatur- und Kunstkonzepts!"

Darauf konnte und wollte ich nicht antworten. Schließlich waren die meisten der genannten Autoren erst nach meinem Tod auf die Welt gekommen. War ich, ein 1874 Geborener, kompetent genug, ihr Schreiben und ihr literarisches Selbstverständnis zu beurteilen?

„Dieses kulturelle Sponsoring ist etwas, das ein wesentliches Markenzeichen der BAWAG ist. Der Trend zum kulturellen Sponsoring ist international, und wir sind da im etwas innovationsskeptischen Österreich ein absoluter, kaum von anderen einzuholender Vorreiter. Übrigens kam unser erstes Buch billiger als der stattdessen ursprünglich als Werbegeschenk geplante Schlüsselanhänger – so billig ist heute Literatur."

Dass ein Unternehmen Kunst und Kultur fördert, erschien mir schon in den zwanziger Jahren wichtig. Damals dachte ich, dies würde um die Jahrtausendwende für jedes Großunternehmen selbstverständlich sein. Den Worten des Jubilierers, der die Kulturpolitik seines Unternehmens als etwas ganz Außergewöhnliches darstellte, entnahm ich jedoch, dass die gesellschaftliche Realität ein wenig hinter meinen utopischen Vorstellungen zurückgeblieben war.

„Ganz wesentlich in der BAWAG ist das kreative Potential ihrer Mitarbeiter, das sie auszuschöpfen versucht. Es ist nämlich die Philosophie unseres Hauses, dass man nicht alles auf rein objektive Kriterien einschränken kann. Denn

Erfahrung kann man einer Maschine nicht beibringen. Es wird keinen Kreditautomatismus geben, solange Menschen entscheiden. Und gerade Erfahrung ist in Österreich sehr wichtig. Österreich ist ein kleiner Markt. Man kennt seine Kunden sehr gut und auch jene der Konkurrenz. Ohne informelle Kontakte, ohne dass man weiß, welche Bekanntschaften gepflegt werden müssen und vor allem in welcher Form, ohne die Kenntnis der Mentalitäten und Eigenheiten seines Partners, ist ein Wirtschaften in Österreich ganz und gar unmöglich. In anderen Ländern mag es sachlicher und neutraler zugehen. Aber in Österreich bleibt letztlich nur der Österreicher erfolgreich. Auch der EU-Beitritt hat daran nichts geändert."

„Und Menschlichkeit?" fragte ich. „Ich habe schließlich die Arbeiterbank gegründet, um Menschen zu helfen."

„Gut, dass Sie das ansprechen", meinte der Jubilierer und strahlte übers ganze Gesicht. „Noch nie haben wir jemanden zum Beispiel aus Krankheitsgründen aus der Bank hinausgeekelt, im Gegenteil – wir unterstützen unsere Mitarbeiter in jeder Lebenslage. Und außerdem wird bei uns die Transparenz groß geschrieben. Bei uns darf jeder zum Generaldirektor kommen, wenn er ein Anliegen hat, ganz egal, ob er dem Vorstand oder der Putzkolonne angehört. Wenn es um seine Belange geht, kann er voll und ganz mitentscheiden."

„Das ist ja fast wie im nie erreichten paradiesischen Zustand des Kommunismus", sagte ich.

„Ja, wir tragen zur Humanisierung der Welt bei", meinte der Jubilierer ohne einen Hauch von Ironie. Und ich war mir sicher: dieser Mann kommt entweder direkt ins Paradies oder in die Hölle. Das Fegefeuer ist für ihn ein viel zu neutraler Ort.

„Die Härten der Rationalisierung konnten wir weitgehend entschärfen, und zwar durch unsere stetige und äußerst erfolgreiche Expansion, durch die Erschließung neuer

Bereiche und den technischen Fortschritt. So gehört die BAWAG zu den wenigen österreichischen Dienstleistungsunternehmen, die praktisch überhaupt keine Mitarbeiter aus Einsparungsgründen freigesetzt, sondern, im Gegenteil, seit gut dreißig Jahren immer neue eingestellt haben. Unser Unternehmen wurde ohne großartige Eskapaden geführt, und deshalb gibt es auch keinen Restrukturierungsbedarf."

Ich wurde immer misstrauischer, hörte aber weiterhin mit höflichem Lächeln zu. Schon als Lebender war ich ein höflicher Mensch, und nach meinem Tod hatte sich dieser positive Charakterzug noch verstärkt.

„Sie als Mitgründer der Bank werden sich kaum vorstellen können, wie groß, reich, wunderbar und allgemein präsent unser Unternehmen geworden ist. Sie können stolz auf sich und auf uns sein. Allein für die Gründung der Arbeiterbank hätten Sie ins Paradies kommen müssen."

Ich widersprach nicht. Ich hoffte nur, der Jubilierer würde bei uns hier oben keine Filiale der BAWAG eröffnen wollen.

„Ich möchte Ihnen nun die Organisation unseres Unternehmens skizzieren. Sie folgt einem logischen, strengen und klassischen Prinzip von Hierarchien und Kompetenzen. Wir haben einen Generaldirektor und vier Vorstandsmitglieder. Einzelne Abteilungen sind dem Vorstandsdirektor unterstellt. Für manche Bereiche ist der Vorstand in seiner Gesamtheit verantwortlich. Für andere Abteilungen sind hingegen nur die einzelnen Vorstandsdirektoren zuständig. Und über allem thront natürlich der Aufsichtsrat. Auch die Zuständigkeit für die Bundesländer ist unter den Direktoren aufgeteilt. So ist zum Beispiel Vorstandsdirektor Magister Kreuch für die Kreditabteilung der Wiener Zweigstellen und gleichzeitig für die Filialen im Burgenland und in der Steiermark zuständig. Die Wiener Zweigstellen umfassen aber auch jene in Niederösterreich, die sich in unmittelbarer und manchmal auch nicht ganz unmittelbarer Nähe von Wien befinden. Diese Zuteilung hat historische Gründe – eine gewachsene Struktur, an der kann und darf nicht gerüttelt werden. Für den Rest von Niederösterreich ist hingegen Vorstandsdirektor Diplomkaufmann Zwettler zuständig. Das mag etwas verwirrend sein, aber im Prinzip ist alles einfach, logisch und klar."

Ich widersprach wieder nicht.

„Die Zweigstellen in Wien und Umgebung haben eine nur sehr geringe Eigenbefugnis. Die Leiter der Zweigstellen in Wien sind auch bei weitem nicht so selbstbewusst wie die Filialleiter in den Bundesländern. Lieber der erste in der Provinz als der fünfte in Rom, hat man schon in der Antike gesagt. Bei uns ist das auch nicht wesentlich anders. Ingesamt haben wir 156 Filialen und Zweigstellen im ganzen Land mit fünf bis hundert Mitarbeitern.

Für die Filialen in den Bundesländern ist die Filialabteilung zuständig. Diese Abteilung übt gegenüber den Filialen eine Kontrollfunktion aus, koordiniert und wickelt sämtliche Kontakte der Zentrale mit den Filialen im Bereich des Kreditgeschäftes ab und erledigt die Aufbereitung der wichtigeren Fälle für den Vorstand. Wir haben eine ganz ausgefeilte Pouvoirregelung. Einzelne zuständige Mitarbeiter in den Filialen haben ein eigenes Pouvoir – also eine Kreditobergrenze, bis zu der sie frei entscheiden können – ein höheres Pouvoir hat der Filialleiter und alles, was darüber hinausgeht, landet in der Filialabteilung. Bei besonders hohen Beträgen ist der Vorstand und dann der Generaldirektor und in Folge der Aufsichtsrat zuständig – ein simples, aber klares Pyramidenprinzip."

„Altbewährt seit der Zeit der Pharaonen", murmelte ich.

„Je größer die Filiale, desto größer das Pouvoir. Dieses wird natürlich auch auf die jeweiligen Personen zugeschnitten. Ausbildung, Charakter und Einsatzbereitschaft des einzelnen Mitarbeiters sind dabei wesentlich. Von entscheidender Bedeutung ist, wo der- oder diejenige in der Hierarchiestufe steht. Es ist schon ein Unterschied, ob jemand Inspektor oder Disponent ist!"

Wie wenig sich in Österreich seit den Zeiten Maria Theresias geändert hat, dachte ich.

Seit einiger Zeit schon hatte ich keine Fragen mehr gestellt. Des Jubilierers Erzählfluss lief ab wie ein aufgezogenes Uhrwerk.

„Erlauben Sie mir ganz allgemein noch einige Bemerkungen zum weit verbreiteten Image, die Banken würden abkassieren. Besonders in der Presse wird kolportiert, dass die Banken so viel verrechnen. In den Medien wird die Bank oft als intransparent hingestellt, als bösartige Krake. Also ich weiß nicht, wie es dem Staat ginge, wenn die Banken nicht so gut wirtschaften würden. Aber das Schlimmste wäre, wenn die Banken keinen Gewinn machten. Banken sind der Motor der Volkswirtschaft. Ohne Banken würde alles zusammenbrechen. Gerade deshalb ist es gerechtfertigt, dass wir, die Mitarbeiter von Banken, so viel, möglicherweise auch überdurchschnittlich viel verdienen, dass dic Sozialleistungen in unserem Sektor so gut und dass wir praktisch unkündbar sind. Dies steht uns auch zu, denn unsere Entscheidungen können nicht leichtfertig gefällt werden, sie sind harte Denk- und Rechenarbeit und nicht zuletzt die Folge unserer Intuition, sie sind in ihren Auswirkungen folgeschwerer als in manch anderer Branche. Und wenn wir falsch entscheiden, schaden wir nicht nur uns selbst, wir können auch viele andere in den Abgrund stoßen. Aber das passiert selten, und ich bin stolz darauf, Banker zu sein."

Der Jubilierer machte eine Pause, um die Wirkung seiner Worte auf sich und den Gesprächspartner auszukosten... Beim letzten Satz hatte seine Stimme sogar ein wenig gezittert.

„Im allgemeinen lässt sich sagen, dass die BAWAG einen ausgesprochen guten Kurs in ihrer Mischung zwischen Tradition und Moderne fährt. Es ist nicht unser Ziel, dass die Schalterhalle leer bleibt, dass alles nur mehr über elektronische Medien abgewickelt wird, dass der menschliche Kontakt abreißt, dass über kurz oder lang alles nur mehr im Cyberspace abläuft. Gleichzeitig haben wir uns der modernen Welt geöffnet. Vielleicht ist gerade das die Stärke des österreichischen Wirtschaftens – kraftvolle Innovation auf gesicherter Grundlage. Das Wissen um die eigenen Wurzeln, trotz ständiger Veränderung."
Nach diesem Gespräch kehrte ich mit einem Gefühl leichter Skepsis, aber auch des Wohlbehagens wieder in den ersten Kreis des Fegefeuers zurück. Offensichtlich waren manche meiner Ängste unbegründet gewesen. Mein lebenslanger Einsatz für eine besser Welt hatte sich also doch gelohnt – auch wenn der Jubilierer zweifelsohne manches beschönigt und einiges verschwiegen hatte, war die österreichische Arbeitswelt offensichtlich eine gerechtere, der österreichische Mensch ein glücklicherer geworden und die BAWAG, *meine* Bank, war an diesem Prozess wesentlich beteiligt gewesen!

„Es kann doch nicht sein,
dass jeder einfach sagt, was er glaubt!“
Ein Mitarbeiter der BAWAG

Zweites Kapitel:
Der Raunzer

Schon das nächste Gespräch dämpfte meine Freude erheblich. Der Mann, mit dem ich diesmal sprach – jünger als der Jubilierer, vielleicht Ende dreißig –, sah die BAWAG erheblich differenzierter, um nicht zu sagen kritischer. Ich möchte ihm einen sehr österreichischen und wie mir scheint adäquaten Spitznamen geben, nämlich „Raunzer“.

Der Raunzer war schon nach der Matura in die BAWAG eingetreten und hat in den fast zwanzig Jahren seiner Tätigkeit für das Unternehmen zahlreiche Abteilungen durchlaufen. Er weiß also, wovon er spricht, und hat ein offenes Ohr und ein scharfes Auge für alles, was außerhalb seines unmittelbaren Tätigkeitsbereiches vorgeht. Seit er Mitarbeiter der BAWAG ist, tut sich der Raunzer – mehr oder weniger hinter vorgehaltener Hand – mit nicht gerade schmeichelhaften Bemerkungen über sein Unternehmen hervor, eben jene von Lamento, die man in Österreich gern „raunzen“ nennt und die für die Psychohygiene nützlich ist, aber vordergründig betrachtet keine praktischen Konsequenzen hat. Nach jedem zweiten Raunzer beton der Raunzer, dass er seinem Unternehmen äußerst loyal gegenüberstehe, die positiven Seiten – wie zum Beispiel den sicheren Arbeitsplatz oder die, auch im Vergleich zu anderen Banken, ausgezeichneten Sozialleistungen für die Mitarbeiter – zu schätzen wisse und eigentlich „nicht aus der zweiten Reihe kläffen und sich unnötig hervortun“ wolle. Jetzt, nach seinem Tod, brauche er sich natürlich nicht mehr zurückzuhalten. „Allzu gerne würde ich wissen, was die da unten

jetzt über mich reden, nach meinem Ableben", sagt er und lacht.
Dieser Typ des raunzenden Kritikers ist für das österreichische Wirtschaften immens wichtig, ja ich würde sogar behaupten, dass er – so das Ergebnis meiner Recherchen – der Schlüssel zum Erfolg des österreichischen Wirtschaftens überhaupt ist! Österreichs Nachkriegsboom und der relative Wohlstand folgender Jahrzehnte wurden durch zwei Faktoren wesentlich verstärkt: die guten Sozialleistung und die Sozialpartnerschaft. Letztere sorgte dafür, dass die Arbeitnehmer zwar abgesichert waren, aber auch, dass sie keine allzu „dreisten" Forderungen stellten. Besonders die Schwächsten bleiben dabei auf der Strecke – die Textilarbeiterin im vorarlbergischen Rheintal, die Verkäuferin im Supermarkt, der kleine Angestellte ohne Aufstiegsmöglichkeiten. Sie – aber nicht nur sie – mussten sich mit dem kleineren Teil des Wohlstandes begnügen. In manch anderem Land wären sie zu extremen Maßnahmen des Widerstandes wie Streik, Demonstration, ja sogar Ausschreitung geschritten. Aber die Österreicher sind nie große Revolutionäre gewesen – sie haben eine effektivere und unblutige Methode entwickelt: das Raunzen. Es stärkt die Nerven, entspannt, gibt Kraft, lässt schwere Situationen leichter erscheinen und wirkt gegen Stress. Es ist besser als Trinken und Rauchen zusammen.
Der Raunzer ist eine Persönlichkeit voller Widersprüche. Egal wie kritisch er sich über sein Unternehmen äußert, ist gerade er es, der im entscheidenden Moment sein Äußerstes zu geben vermag. Der Jubilierer kehrt dem Unternehmen den Rücken, sobald er ein besseres Angebot hat. Nicht so der Raunzer, er hätte in einem solchen Fall ein schlechtes Gewissen. Der Raunzer ist dem Unternehmen in Hassliebe verbunden, es ist für ihn sein Lebenselixier, sein liebster Feind, seine Herausforderung und seine eigentliche Heimat. Der Raunzer ist der beste Mitarbeiter, den ein österreichi-

sches Unternehmen haben kann. Ein Unternehmen ohne Raunzer ist zum Untergang verurteilt. In einem Land, wo es keine Tradition des kritischen sachlich-kreativen Dialogs gibt, gehen vom Raunzer die wichtigsten Verbesserungsimpulse aus. Sein Geraunze sickert langsam aber sicher nach oben, in die Chefetage. Die Chefs, es sei denn sie sind ausgesprochen dumm (was natürlich hin und wieder der Fall ist), erkennen meist intuitiv die Wichtigkeit des Raunzers und hüten sich davor, ihn anzutasten. Stattdessen lassen sie sich von so manchem, was er sagt, inspirieren.

„Modern?“ schrie der Raunzer. „Unser Haus, modern? Wer hat Ihnen das gesagt?“

Ich stammelte etwas von EASY Bank, internationalen Beteiligungen, Treasury, der großen Expansion seit den siebziger Jahren… Dann erwähnte ich den Jubilierer. Der Raunzer verzog das Gesicht. „Den kenn ich“, sagte er. „Er ist ja ein netter Kerl, aber ein Träumer, nicht ganz von dieser Welt, aber dann auch wieder einer, der weiß, was sich gehört, was man sagen kann und was nicht. Ich bin da ganz anders. Bei Hüh sag ich Hüh und bei Hott Hott. Aber, ich will ja nicht über andere schimpfen. Er ist schon ein qualifizierter Mann, der Herr Kollege, keine Frage. Ich hab ja eigentlich überhaupt nichts gegen ihn, hab mit ihm auch kaum jemals etwas zu tun gehabt. Man hört halt nur so einiges. Ganz zwangsläufig. So ist das halt in einem Unternehmen.“

Was denn nun seine Meinung zur BAWAG sei, wollte ich wissen.

„Sie kennen ganz offensichtlich nur einen Teil der Wahrheit“, sagte er. „Versuchen Sie zum Beispiel in unserem angeblich so modernen Unternehmen einen PC anzufordern. Sie werden Ihr blaues Wunder erleben. Monatelang werden Sie warten müssen. So habe ich das jedenfalls von einem Kollegen gehört. Bei mir war das anders. Ich habe meinen neuen PC schnell bekommen. Aber ich bin auch ein anderer Typus Mensch. Ich hau auf den Tisch, wenn's sein muss."

Ich erwähnte die EASY-Bank.

„Ja, schön und gut. Österreichs erste Direktbank mit recht guten Konditionen. Etwas für wohlhabende, jüngere, urbane Mittelständler, aufstrebend, dynamisch, jederzeit erreichbar über Handy, meist männlich. Für Leute, denen die Bankzeiten zu kurz sind. Die Zeit-ist-Geld-Typen, Sie wissen schon. Über kurz oder lang wird Telebanking sicher die Zukunft sein, so ist der Gang der Welt. Und die BAWAG ist auf diesem Gebiet ein Vorreiter. Aber so toll ist es auch nicht, wie's klingt. Alles geht auch nicht am Telephon, schon vom Gesetz her nicht. Die Kreditabwicklung zum Beispiel. Vor allem ist das aber eine ziemliche Belastung für die Mitarbeiter. Eine Bank, die von sieben Uhr früh bis zehn Uhr abends offen hat. Man stelle sich das einmal vor! Das bedeutet Schichtarbeit, und das größtenteils am Telephon, wo du den Kunden nicht sehen kannst. Da ist es ja um einiges schwerer, die Situation und das Risiko einzuschätzen, würde ich einmal sagen, obwohl das die Easybank-Mitarbeiter sicher bestreiten würden. Stimme mit Gesicht ist nun einmal aussagekräftiger als ohne Gesicht. Sag ich. Jedenfalls sind die meisten Easybanker sehr jung, und länger als ein paar Jahre an der Front am Telephon hält keiner durch. Sonst leidet nicht nur die Gesundheit, sondern auch das Privatleben. Übrigens ist das Verhältnis zwischen EASY-Bank und BAWAG auch nicht spannungsfrei. Viele BAWAG-Mitarbeiter denken, dass die Eysybanker wenig tun und überdurchschnittlich gut bezahlt werden. Beides stimmt nicht. In Wirklichkeit geht's dabei um Neid. Wenn man sich nicht irgendwie mögen würde, hätte man sich schon längst zerfleischt. Aber er treibt schon an, der Neid. Ohne Neid geht's auch nicht."

Ich erwähnte die BAWAG-Leasing.

„Na und, was ist schon dabei, dass wir eine Leasing-Firma betreiben? Was soll an dem so wahnsinnig modern und aufregend sein?“

Nun war ich doch etwas verärgert über den Raunzer, der bei allem auch das Negative sehen musste, diese ständige: „Ja schon, aber andererseits....“

Ich fragte ihn, ob er, ebenso wie der Jubilierer, die BAWAG für ein besonders soziales Unternehmen halte.

„Der Faktor Mensch war unter dem alten Generaldirektor viel wichtiger als heute“, erklärte er. „Die Modernisierung, ja die Moderne überhaupt, fordert ihren Tribut. Kapital ist heute wichtiger als der Wert Mensch. Die Amerikanisierung, die jetzt überall in der österreichischen Arbeitswelt erkennbar wird, die ist schon wichtig. Aber der eine oder andere bleibt dabei auf der Strecke. Für die Jüngeren, die Unterdreißig-Jährigen vor allem, spielen die Geschichte des Unternehmens und die soziale Komponente überhaupt keine Rolle mehr. Die wollen nur Geld verdienen. Die höheren Anforderungen an die Mitarbeiter, der Stress, der grundsätzlich rauhere Wind, der uns in der Wirtschaft ins Gesicht bläst – all das führt dazu, dass die Gemeinsamkeit zwischen den Leuten im Unternehmen geringer wird. Besonders die Älteren beklagen sich. Einer hat mir vor kurzem gesagt, dass er sich ausgepowert fühlt, dass er mit den wachsenden Anforderungen kaum mehr Schritt halten kann. Die Jüngeren, hat er gemeint, wären über die geringeren Karrieremöglichkeiten frustriert, zeigten aber auch weniger Bereitschaft, selbst Initiativen zu setzen. Das ist natürlich nicht etwas, das nur ein Problem der BAWAG ist.“

Er schwieg einige Augenblicke. „Sie fragen nach den Spezifika des österreichischen Wirtschaftens? Nun gut, ich gebe Ihnen einige typische Beispiele: Zweifelsohne ist die BAWAG eine moderne Bank mit Perspektiven für die Zukunft. Vielleicht war ich vorhin etwas zu polemisch. Man sagt auch, dass wir äußerst effizient sind, und das sind wir durchaus. Dennoch haben wir einen streng hierarchischen Unternehmensaufbau – klassisch österreichisch, würde ich sagen, zentralisiert, bürokratisch und, trotz der relativ geringen Mitarbeiterzahl, ziemlich rigide. Das ist unser eigentlicher Nachteil gegenüber den wirklich modernen Großunternehmen im Ausland. Die einzelnen Filialen in ganz Österreich sind direkt der Zentrale in Wien unterstellt. Auch die einzelnen Knotenfilialen in den Landeshauptstädten können ja nicht wirklich eine Unternehmenspolitik für ihr Bundesland betreiben. Gewiß, die Filialen haben ein eigenes Pouvoir, im Rahmen dessen sie frei entscheiden können. Aber die wesentlichen Kreditkonditionen, die Produkte, die werden in der Zentrale entwickelt. Standardprodukte. Auf regionale Eigenheiten wird wenig Rücksicht genommen. In der Zentrale sitzen ja viel zu viele Theoretiker, die von der Praxis kaum eine Ahnung haben. Man rauft dort eigentlich immer um Kompetenzen. Und dann noch etwas klassisch Österreichisches: In der BAWAG ist nicht vorgesehen, dass die einzelnen Mitarbeiter von der Arbeit und den Zuständen in anderen Abteilungen wissen. Man versucht zwar oft, Sachen aufzuteilen und zu delegieren, aber man holt sie sich auf Umwegen wieder zurück, weil man nicht loslassen kann. Das führt zu einem dauernden Intrigenspiel und dazu, dass vieles falsch interpretiert wird. Da gibt es viele Leute in der Bank, die diesbezüglich so denken wie ich, sowohl in Wien als auch in den Bundesländern. Das Ergebnis sind Inflexibilität und die Verlangsamung von Arbeitsprozessen. Nehmen Sie zum Beispiel die Filialabteilung in Wien. Brauchen wir die? Ein Kollege hat mir vor kurzem erklärt, er würde sie auflösen. Diese Zwischenstufe sei völlig unnötig. Ihre Aufgaben könnten auch in den Knotenfilialen erledigt werden, auch dort gebe es fähige Leute. Oder nehmen Sie den Fall von Personalentscheidungen. Wenn jemand zum Beispiel in

Klagenfurt eingestellt wird, muss erst die Personalabteilung in Wien ihr Einverständnis dazu geben. All das geschieht viel zu langsam, viel zu träge. Bis endgültig entschieden wird, hat die Person längst einen anderen Job."

„Sie wollen damit sagen..." Aber er ließ mich nicht ausreden. Wie elektrisiert wirkte er von den eigenen Worten. Seine Augen glänzten.

„Aber das alles ist gar nicht der Punkt", schrie er. „Ich wollte in erster Linie auf etwas zutiefst Österreichisches hinweisen – dieser Zentralismus und das Festhalten an überkommenen, längst veralteten Strukturen. In gewisser Weise gibt das natürlich auch Sicherheit. Die angenehmste Form des Arbeitens ist immer die altbewährte. Aber wie lange lässt sich das aufrechterhalten in Zeiten des permanenten Wandels?"

Die Ähnlichkeiten zwischen dem Raunzer und dem Jubilierer waren eklatant. Beide waren außergewöhnlich redselig, etwas, das für mich neu war, denn in meiner, von Politik, Ideologie und Verfolgung so reichen Zeit, wären beide zurückhaltender gewesen. Ähnlich war beiden auch der Elan, mit dem sie ihre Standpunkte vortrugen.

„Zur sogenannten ‚Bank des kleinen Mannes' lässt sich natürlich sagen, dass dieses Image von uns seit einiger Zeit schon abgefallen ist", sprach der Raunzer. „Dies hat mit dem Wechsel in der Generaldirektion zu tun. Die BAWAG war ja die Bank unseres alten Generaldirektors. Er hat daraus eine Universalbank gemacht, er hat sie praktisch in Eigenregie geführt. Unter seiner Ägide ist sie zum Innovationsgeber in Österreich geworden, was wir heute noch sind. Doch mit der neuen Generaldirektion kam etwas Härteres, etwas Unerbittlicheres in unser Haus. Die Atmosphäre hat sich geändert. Das hat nicht etwas mit EU-Beitritt, Euro oder Globalisierung zu tun, sondern mit diesem Generationswechsel."

Er schwieg einen Augenblick, überlegte, sprach aber weiter, so dass ich es verabsäumte, eine der kurzen Pausen zwischen seinen Monologen zu nützen, um das Gespräch in eine von mir gewünschte Richtung zu lenken.
„Natürlich geht es uns Mitarbeitern der BAWAG noch besser als vielen anderen. Ich persönlich bin froh, nicht bei einer anderen Großbank in Österreich zu sein. Aber auf uns, glauben Sie mir, kommt noch einiges zu. Diese ständige Expansion wird einmal zum Bumerang. Irgendwann wird es auch bei uns zu Rationalisierung und zu Entlassungen kommen, so wie in anderen Instituten."
Ich bin fassungslos. Als alter Sozialdemokrat, der das Elend des ausgehenden 19. Jahrhunderts noch erlebt hat, war es immer mein Traum gewesen, dass Worte wie *Rationalisierung* und *Entlassung* zur Jahrtausendwende keine Bedeutung mehr haben. Der Engel Administrator hatte recht. Ich hätte vor dem, was auf der Erde vor sich geht, nicht die Augen verschließen sollen.
„Die BAWAG hat ja wirklich die schlankste Personalstruktur. Der alte Generaldirektor hat sich einmal gerühmt, die effizientesten Mitarbeiter zu haben..." Der Raunzer blickte mich verschmitzt an. „Sie können sich vorstellen, was das heißt: verschlissen werden sie, verheizt! Letztlich wäre es die viel klügere Vorgangsweise, mehr Mitarbeiter einzustellen. Das wäre zwar kurzfristig eine Mehrbelastung, längerfristig aber sicher ein Gewinn, weil man Arbeitsabläufe perfekter organisieren könnte und Mitarbeiter wie Kunden zufriedener wären. 2.500 Mitarbeiter für die viertgrößte Bank Österreichs ist zuwenig. Wir brauchen sicher keine 5.000 Leute, aber eine adäquate Aufstockung des Personals wäre eminent wichtig. Es grenzt ja überhaupt an ein Wunder, dass unser Betrieb mit so wenigen Leuten trotzdem funktioniert."
In der Tat muss ich zugeben, dass der Raunzer in diesem Punkt recht gehabt haben dürfte. In all meinen späteren

Gesprächen, die ich mit Mitarbeitern aus verschiedenen Abteilungen geführt habe, musste ich mir Klagen über die zu geringe Mitarbeiterzahl in der jeweiligen Abteilung anhören. „Wir leisten hier gute Arbeit“, war allgemein der Tenor, „aber wenn wir noch zwei, drei, vier Personen für unseren Bereich dazubekommen könnten, ja dann wäre es optimal! Aber bei der derzeitigen Unternehmenspolitik ist das kaum möglich.“

„Wir haben ja kaum Zeit, neue Leute einzuschulen“, setzte der Raunzer sein Lamento fort. „Die Leute werden ins Wasser geworfen und müssen selbst schwimmen lernen. Apropos Ausbildung: Man schickt bei uns alle neuen Mitarbeiter aus ganz Österreich ins Schulungszentrum nach Wien. Meiner Ansicht nach ist das verschwendetes Geld. Achtzig Prozent der Veranstaltungen, die ich besucht habe, waren völlig unnötig. Am Arbeitsplatz hätte ich in dieser Zeit viel mehr gelernt. Grundsätzlich wird viel zu hoch bewertet, ob jemand ein Seminar gemacht hat oder nicht, ob er eine Bestätigung vorzeigen kann.“

Ich musste daran denken, wie wichtig in Österreich meiner Zeit Dokumente, Zeugnisse, Urkunden und Identitätskarten verschiedenster Art gewesen waren. Offensichtlich hatte sich auch da die Mentalität nicht grundsätzlich geändert, nur dass heute Dokumente, Bestätigungen oder sonstige abgestempelte Zettel nicht mehr über Leben und Tod entscheiden. Zumindest in Österreich nicht. Oder?

„Ein Schwachpunkt bei uns ist ja auch, dass an der falschen Stelle gespart wird. Einmal wird ein Mitarbeiter nicht mit dem notwendigen technischen Gerät versorgt, weil sein Vorgesetzter weder Verständnis noch den Willen dazu hat. An einer anderen Stelle muss ein junger Mitarbeiter, der für ein moderneres Banking ist, gegen ältere Kollegen ankämpfen. Hilfe kann er keine erwarten. Die anderen fürchten um ihre Pfründe und wollen überhaupt keine Neuerungen.

Doch auch von übergeordneter Stelle ist die Unterstützung bei weitem nicht optimal. Von diesem Mitarbeiter kann ich eine Geschichte erzählen..."

„Bitte nicht!" schrie ich. „Bitte bleiben sie beim Grundsätzlichen."

„Ich wollte das Gespräch mit der Allianz... Nun, ich kann ja den schon seit Jahren erkennbaren Trend zum Allrounddienstleistungsunternehmen nicht umkehren. Möchte es auch nicht. Für den Kunden hat das zweifelsohne Vorteile. Dennoch geht unsere Tätigkeit auf diese Weise viel zu sehr in Richtung ‚Keilen'. Manche Mitarbeiter haben Probleme damit, Versicherungsprodukte zu verkaufen, mit denen sie sich nicht identifizieren können. Es hat schon lange gedauert, bis sich die Lebensversicherung durchgesetzt hat, und jetzt kommt auch noch die Sachversicherung dazu."

Diesmal war ich mit dem Raunzer einverstanden. Ein Bankangestellter ist schließlich kein Versicherungsexperte. Er kann kein Universalgenie sein. Zu meiner Zeit wurden die Fähigkeiten eines Fachmanns geschätzt. Von einem Bäcker hat man erwartet, dass er gutes Brot bäckt und nicht, dass er auch noch Pferde zureitet, in der Oper singt und einen neumodischen Webstuhl konstruiert.

„Ich komme jetzt zu einem Punkt, der ganz wesentlich mit der modernen Wirtschaft und der Fortschrittlichkeit im Berufsleben zu tun hat. Die BAWAG mag nach außen hin und in ihrer Geschäftspolitik durchaus eine moderne, für österreichische Verhältnisse sogar hypermoderne Bank sein. Aber wie steht es mit der Mitarbeiterführung? Unsere Frauenpolitik zum Beispiel. Als Frau ist es sehr schwer, in der BAWAG weiterzukommen. Da sind wir nicht fortschrittlicher als irgendein mittelständischer Familienbetrieb irgendwo in der Provinz. Die Männer werden immer noch bevorzugt behandelt, sie kommen auch viel leichter zu einer firmeninternen Weiterbildung. Aufgenommen werden etwa genauso viele

Männer wie Frauen. Doch spätestens wenn eine Frau ein Kind bekommt, kann sie die Karriere abschreiben.

Teilzeitlösungen, zum Beispiel die Weiterbeschäftigung einer jungen Mutter halbtags, werden abgeblockt. Ein Abteilungsleiter hat sich vor kurzem lauthals beschwert, dass die BAWAG familienfeindlich sei. Er würde gern seine Mitarbeiterinnen, die kleine Kinder haben, halbtags weiter beschäftigen, aber das sei in unserem angeblich so fortschrittlichen Unternehmen nicht durchsetzbar. Die Richtlinien bezüglich Teilzeitbeschäftigung seien eindeutig. Der Deckungsbeitrag werde nach Köpfen bezahlt, ganz egal ob jemand fünf oder vierzig Stunden die Woche arbeitet. Deshalb wolle logischerweise auch kein Bereichs- oder Filialleiter Teilzeitkräfte haben. Dabei wäre es viel fortschrittlicher und zielführender, in manchen Fällen Job-Sharing zu betreiben.

Wo finden Sie denn bei uns Frauen in leitenden Positionen? Ja, in Wien, da gibt es viele Zweigstellenleiterinnen. Die Leiterin der EASY-Bank ist eine Frau, dort arbeiten überhaupt sehr viele Frauen. Aber was bedeutet die Tätigkeit bei der EASY-Bank? Aufreibende Arbeit für wenig Geld – typischer Frauenjob. Und in den großen Filialen in den Bundesländern oder in den Schlüsselabteilungen in der Zentrale? Da sitzen, von ganz wenigen Ausnahmen abgesehen, weiterhin die Herren der Schöpfung am Hebel der Macht. Eine meiner Kolleginnen hat das auf den Punkt gebracht: *‚Männer fürchten sich vor intelligenten Frauen.'*"

Die Gleichheit der Geschlechter, ich muss es zugeben, wurde in meiner Zeit zwar groß geschrieben, doch allzu weit waren auch wir Sozialdemokraten in der praktischen Umsetzung derselben nicht gekommen. Als ich Direktor der Arbeiterbank war, waren die weiblichen Angestellten meist nur Sekretärinnen oder Reinigungskräfte. Umso erstaunter war ich zu hören, dass es auch in den letzten sieben Jahrzehnten zu nur ungenügenden Verbesserungen in diesem Bereich gekommen war. Selbstverständlich wäre es in den zwanziger Jahren ganz und gar undenkbar gewesen, dass die Rechtsabteilung eines großen Unternehmen fast ausschließlich von Frauen geführt worden wäre, und deshalb sprach ich den Raunzer gerade auf diesen, mir sehr erfreulich erscheinenden Umstand an.

„Ha!" schrie der Raunzer und hob triumphierend den Zeigefinger. „Und warum, frage ich Sie? Wer leitet denn schon gern Exekutionen ein? Wer fordert schon gern von einem Menschen, der gescheitert, der am Boden ist, Geld? Wer bringt das notwendige Fingerspitzengefühl, die notwendige Härte, das Einfühlungsvermögen und die Geduld auf? Wenn jemand mit Selbstmord droht... Wenn jemand ausfallend wird... Wenn jemand „Scheißbank! Scheißfrauen!" schreit... Wenn jemand zu drohen beginnt... Wenn jemand alkoholisiert zum Gespräch kommt... Wenn jemand seine Lebensgeschichte erzählt und in Tränen ausbricht... Wenn man sieht, wie die Menschen verfallen; jeden Tag eine Tragödie... Wer schafft schon diesen Spagat – menschlich und verständnisvoll zu bleiben, dic Interessen der Bank zu vertreten und sich selbst nicht zu verlieren? Nein, sehr hoch angesehen ist die Rechtsabteilung nicht. Denn dort sitzen die Exekutoren, die jenes Hoffnungslose und Unangenehme zu verwalten haben, das andere ihnen zugeworfen haben. Sie bringen keine neuen Kunden ins Haus. Niemand schmückt sie mit Lorbeeren. Die Leute von der Rechtsabteilung sind für eine moderne Bank das, was für eine mittelalterliche Stadt Henker und Totengräber waren. Deshalb die vielen Frauen: sie sind wieder einmal für die unangenehme und die undankbare Arbeit da, und dabei auch noch eine, die mehr als nur eine gute Ausbildung erfordert."

„Und wie gehen die Frauen mit dieser emotionellen Belastung um?"

„Die einen sagen sich ständig: Wir sind kein Wohlfahrtsinstitut! Ich muss mein Mitleid unterdrücken. Die anderen behaupten, die Menschen hätten sich ihre Notlage selbst zuzuschreiben. Warum nehmen sie auch Kredite auf, die sich nicht zurückzahlen können… Die meisten verdrängen einfach. Ich persönlich glaube, dass professionelle Hilfe in diesem Fall wichtig wäre – Supervision, psychologische Betreuung. Aber das ist zu hoch gegriffen. Für so was ist noch kein Bewusstsein vorhanden. Auch bei den Betroffenen selbst nicht."

„Vielleicht ist die Sozialdemokratie nicht mehr die fortschrittlichste Bewegung", mutmaßte ich. „Vielleicht sind andere Unternehmen, in anderen Ländern, frauenfeindlicher."

„Ja, in Schweden müsste man sein", sagte er und begann zu lachen. Er lachte mich, einen etablierten Toten, tatsächlich aus und war dabei noch nicht trocken hinter den Ohren, nicht einmal einen Tag tot. Aber es wurde noch schlimmer. Der junge Mann erdreistete sich nämlich, aufzustehen und mir mit einer gönnerhaften Geste auf die Schulter zu klopfen. „Ach, wenn Sie wüssten… Wenn Sie nur wüssten, was aus der Welt wirklich geworden ist", sagte er. Und dafür ist man nun gestorben, dachte ich, um sich so etwas gefallen lassen zu müssen.

„Nun ist es ja so", erklärte der Raunzer, „die BAWAG ist – Sie haben es gerade wieder angesprochen – eine sozialdemokratische Bank, die der Gewerkschaft nahesteht. Der FSG ist auch die einzige Liste, die in der BAWAG bei Betriebsratswahlen kandidiert. Als fortschrittlich kann man die Gewerkschaften aber längst nicht mehr bezeichnen. Es handelt sich eher um Traditionalisten, um Bremser. Als Arbeitnehmer kann man doch nicht so agieren wie vor dreißig Jahren. Ein Kollege hat mir vor kurzem erklärt, dass es sogar eher ein Nachteil ist, bei der Gewerkschaftsbank beschäftigt zu sein. Eine Gewerkschaft werde doch nie gegen eine Bank vorgehen, die ihre Gelder verwaltet. Leidtragende wären dann die Mitarbeiter der Bank, die von der Gewerkschaft keine entsprechende Unterstützung bekämen."

Im Zuge des Gesprächs kam er immer mehr in Rage, wechselte mehrmals das Thema. Gerade noch gelang es mir, ihn nach dem Bild des Bankers in der Gesellschaft zu fragen.

„Ich bin ja stolz darauf, was ich tu", sagte er. „Aber bei vielen Menschen sitzt die Vorstellung tief, dass die Bank ein Machtinstrument ist. Ein Moloch, dem sie ohnmächtig ausgeliefert sind. Es wird sofort Distanz hergestellt, wenn man hört, dass einer bei einer Bank ist. Plötzlich ist man kein normaler Mensch mehr, sondern ein Mittäter."

„Banken und Macht? Das ist ein wesentliches Thema", warf ich ein.

„Es gibt sie natürlich, die Verquickung zwischen Wirtschaft und Politik. Das ist aber im ganzen Bankensektor so. Warum glauben Sie, dass Österreich ‚overbanked' ist? Weil niemand von den Mächtigen ‚seine' Bank einfach sterben lässt. Bekanntlich gibt es schwarze und rote Banken, und bekanntlich bricht dieses System langsam auf. Der Beitritt Österreichs zur EU hat diesen Prozess beschleunigt. Selbstverständlich gibt es eine Rückendeckung für die BAWAG seitens der SPÖ. Ich nehme stark an, dass es auch politische Gefälligkeiten in beide Richtungen gibt. Aber ich habe keine Ahnung, was im Bereich der öffentlichen Finanzierung, bei Großprojekten oder der Postenvergabe wirklich vor sich geht. Die zuständigen Herren geben sich ja sehr zugeknöpft. Kartellabsprachen gibt es sicher auch. Das ist normal, wenn ein paar so mächtige Institutionen sich mit Billigung der politischen Elite einen kleinen Markt aufteilen. Allzu viel traue ich mich aber dazu nicht zu sagen. Auch wenn man tot ist, wissen Sie… Aber ich denke, es wird sich durch die EU noch viel ändern. Absprachen werden schwerer möglich sein, und ausländische Konkurrenten werden auf unseren Markt vorstoßen. Da müssen wir schauen, wo wir bleiben. Ob das zum Vorteil des Kunden ist, wage ich zu bezweifeln. Eher wird man ihn verwirren durch das viele Angebot."

Gern hätte ich mit ihm eine Grundsatzdiskussion begonnen, aber er wechselte das Thema.

„Jetzt haben wir also Telebanking, Investmentfonds, handeln an mehreren Börsen, mit denen wir vernetzt sind. Wir wollen hoch hinaus, und gleichzeitig sind wir hier in Österreich nicht fähig, den Zahlungsverkehr zwischen den Kreditinstituten über eine Standleitung abzuwickeln. Da muss man immer noch auf das Schreiben von Belegen und auf den Postweg zurückgreifen. Allenfalls erfolgt der Austausch in Form von Datenträgern, also Disketten. Es ist wieder diese Mischung aus Rückständigkeit und Fortschritt."

Da mich das Gespräch mit dem Raunzer nun immer mehr zu ermüden begann, bat ich ihn, mir nichts mehr über Datenträger zu erzählen, sondern zum Abschluss nur noch seine ganz persönliche Einschätzung über die Zukunft des Unternehmens abzugeben.

„Ich möchte Ihnen mitteilen, was ich wünsche", sagte er zu mir und wurde plötzlich ernst.

„Die BAWAG sollte ihre Nischenpolitik ausbauen und eine Gewerkschaftsbank bleiben. Am meisten fürchte ich mich vor einer Übernahme durch eine große EU-Bank, was zwangsläufig dazu führen wird, dass wir unsere Identität verlieren. Insofern birgt der EU-Beitritt durchaus Gefahren. Aber es wird wohl tatsächlich irgendwann zu einer solchen Übernahme kommen. Und dann Gute Nacht! Freistellungen! Unsicherheit! Vertrauensverlust! Schlechtere Produkte! Verlust von Stammkunden! Abseits! Die BAWAG sollte in erster Linie eine eigenständige kleine Bank bleiben, die Bank der kleinen Leute. Denn das ist etwas, was unsere eigentliche Stärke ist in Österreich. Das Überschaubare. Das Bekannte. Und dadurch auch Flexibilität. Wir sind ein kleiner und reicher Staat. Beides kommt uns zugute: der Reichtum und die Kleinheit. Meine Meinung habe ich immer offen ausgesprochen. Ich wollte nämlich mein Rückgrat nicht beugen müssen, wollte aufrecht von hier weggehen wie ich auch erhobenen Hauptes eingetreten bin. Ich will, dass die Leute, wenn sie von mir sprechen, sagen: ‚Er hat sich bemüht. Er war immer da für seine Kollegen und seine Kunden. Er hat immer versucht, Fehler zu vermeiden und das Unheil abzuwenden.' "

Er schwieg, und ich fand es bemerkenswert, dass er, ähnlich dem Jubilierer, das Gespräch mit einer gewissen Rührung über die eigenen Worte beendete.

„Gehen Sie und reden Sie mit anderen Leuten aus der BAWAG", sagte er zum Abschluss. „Sie werden alles, was ich Ihnen gesagt habe, bestätigt finden."

„Es gibt für meinen Posten keine typische Ausbildung.
Entweder man kann es oder man kann es nicht.
Der Posten wurde an mich herangetragen.
Es war eine Auszeichnung.
Aber eigentlich kann man so einen Posten
wie den meinen nicht wirklich anstreben.
Wer ist schon so verrückt?"
Ein BAWAG-Mitarbeiter

Drittes Kapitel:
Der Workaholic

Der Workaholic hatte am wenigsten von allen realisiert, dass er tot war. Hastig blätterte er in Papieren, deren Buchstaben verblassten, schrieb etwas, ohne zu merken, dass das Geschriebene sogleich verschwand, blickte gebannt in einen dunklen Bildschirm nahm Telephongespräche entgegen, obwohl ihm niemand antwortete.

„Es ist vorbei!" hätte ich ihm gern gesagt. „Ruhen Sie sich aus. Sie haben abgeschlossen."

Aber er hätte mich auch dann nicht gehört, wenn ich ihm dies mit himmlischer Stimme, die mächtiger ist als jeder irdische Laut, zugeschrien hätte. Ich nannte meinen Namen, doch er konnte damit wenig anfangen. „Freundlich?" murmelte er und runzelte die Stirn. „Freundlich, Freundlich… Ach ja, Sie sind wegen des Wohnbaukredites gekommen. Wenn Sie so freundlich wären, noch einen Augenblick zu warten."

Der Workaholic – der Leser möge mir diesen etwas saloppen neumodischen Begriff verzeihen – hatte es in seinem Leben nicht leicht. Seine Voraussetzungen für eine Karriere waren denkbar schlecht. Aus kleinen Verhältnissen stammend, hatte er keine gute Ausbildung genossen, und weder Intelligenz noch Schläue haben ihm weitergeholfen. Er ist weder intelligent noch schlau. Aber er hat einen dicken Nacken und ein weites Herz. Ersteres war die Voraussetzung, zweiteres die Ursache dafür, dass er zum Workaholic geworden ist. Er ist hilfsbereit, entgegenkommend, gutmeinend, höflich, vor allem aber pflichtbewusst. Deshalb wird er auch gleich eingeschirrt. Und je fleißiger er den Karren zieht, um so mehr wird ihm aufgeladen. Das einzige, worauf der Workaholic wert legt – schließlich sind wir in Österreich – sind Umgangsformen. Das weiß der joviale Chef, der nach jeder neuen Aufgabe, die er dem Workaholic aufträgt, das „Seins doch so lieb" nicht vergisst und ihn nach Dienstschluss auf ein Bierchen einlädt, das weiß der Kollege, der immer lächelt und sich nach dem Befinden des Workaholics erkundigt, wenn er ihm eine weitere Mappe zum „Durchackern" auf den Schreibtisch legt, oder die Sekretärin, die sich des Workaholics Lamento über seine viele Arbeit geduldig, aber mit höflicher Zurückhaltung anhört. Selbstverständlich hält sich der Workaholic für unentbehrlich. Ohne ihn bricht das Unternehmen zusammen.

Schließlich, kurz vor der Pensionierung, hat es auch der Workaholic geschafft. Aus den unteren hat er sich in die mittleren Ränge emporgearbeitet, nachdem er alle Zwischen- und Nebenstufen gewissenhaft durchlaufen hat. Etwas mitgenommen sieht er schon aus. Aber gepflegt. Im Rahmen seiner Möglichkeiten und seines Geschmacks. Als wandelnde Corporate Identity ist er sogar als Chef wohlgelitten, solange er nicht zuviel anstellt oder bockig wird. Aber das wird er nicht.

Zu meiner Zeit gab es viel mehr Workaholics als heute. Es waren meist Menschen, die mit sechzehn in ein Unternehmen eintraten und bis zur Pensionierung durchhielten. Ein Workaholic wechselt nur selten die Firma. Das käme einem Ehebruch gleich. Als ein typischer Workaholic mir als Gesprächspartner gegenübersaß, wurde mir beinahe warm ums Herz.

„Privatleben gibt's hier keins, weil hier minütlich Entscheidungen getroffen werden müssen", erklärte mir der Workaholic. „Auch in den Osterfeiertagen habe ich durcharbeiten müssen. Es ist der totale Druck. Wenn ich drei Stunden weg bin, dann steht alles. Ich habe schon über hundert nichtkonsumierte Urlaubstage. Ich habe um Personal angesucht, denn es geht alles im Chaos unter. Aber bei den schlanken Strukturen unseres Unternehmens bekomm ich niemanden dazu. Meine Gattin hat sich schon hundert Mal scheiden lassen, aber irgendwie hält sie's doch aus mit mir. Krank bin ich auch nie. Wenn was ist, nehm ich lieber Aspirin, und weiter geht's. Achtunddreißig ist für mich noch kein Fieber. Ich wollte immer an der Front der Arbeit bleiben – 60 Stunden pro Woche. Das halte ich schon aus. Aber ich hab immer weniger Zeit. In früheren Jahren war's nicht so schlimm. Nur einmal, da hat das Burn Out Syndrom zugeschlagen. Ich hatte einen Kreislaufkollaps und musste eine Woche zuhause bleiben. Danach jedoch war ich wie neu geboren. Und in den nächsten Jahren ging es umso powervoller weiter. Ein Zeitlang habe ich zwar Psychopharmaka nehmen müssen, um das Ganze durchzuhalten, aber davon bin ich jetzt wieder weg. Willenskraft, wissen Sie!"
Während er sprach, kramte er weiter in seinen Papieren. Plötzlich tat er mir leid. Also ließ ich das Büro samt Papieren, Schreibtisch und Computer verschwinden und versetzte uns beide in einen neutraleren himmlischen Raum mit angenehmen himmlischen Farben irgendwo zwischen milchig weiß und beige. Verwirrt blickte er um sich.
„Ich identifiziere mich voll und ganz mit der Bank", sprach der Workaholic, während seine Hände nervös im Raum tasteten. „Ich bin stolz bei dieser Bank zu sein, die für mich immer die ‚Bank des kleinen Mannes' bleiben wird. Mein Vater war Arbeiter, Sohn eines Arbeiters. Ich habe mich nach oben gearbeitet, bin Angestellter geworden. Und es ist

schön, bei einem Unternehmen zu sein, das Geld zu günstigen Zinssätzen vergibt und das den kleinen Sparer unterstützt, der, wie man früher gesagt hat, im Schweiße seines Angesichts sein Geld verdient. Ich habe immer schon betont – und diese Meinung habe ich auch gegenüber den Jüngeren vertreten, diesen Rotzbuben, diesen Meistern der Ellbogentaktik und des Drübermarschierens –, die Bank sollte das, was sie finanziert, moralisch vertreten. So haben wir zum Beispiel eine Bordellfinanzierung abgelehnt. Denn eine Bank lebt vom Vertrauen. Und wenn mich ein Kunde anschnauzt, macht es mir auch nichts. Dazu sind wir schließlich da, als Dienstleistungsunternehmen."
An dieser Stelle konnte ich ein Schmunzeln nur schwer unterdrücken. Der Workaholic war ein Fossil, so wie auch ich eines bin, nur dass ich mich selbst inzwischen durchschaue, weil ich nach meinem Tod genug Zeit hatte, um über mich und die Welt nachzudenken. Ein Gespräch fiel mir ein, das ich mit zwei Angestellten der BAWAG geführt hatte.
„Die BAWAG ist ein kommerzielles Institut", sagte der eine, ein blonder Hüne mit eisigem Blick. „Was soll also das ganze Gerede vom sozialen Touch. Wofür steht denn eine Bank? Für Geldvermehrung. Und so soll' es auch sein. Wo, bitte sehr, frage ich Sie, liegt denn der höhere Sinn am Geldverdienen? Es ist ein notwendiges Übel. Es ist das, was die Welt zusammenhält. Es ist die Quintessenz der modernen Gesellschaft und doch nur ihre wichtigste Nebensache. Wenn's nach mir ginge, könnte ich auch Würschteln am Würschtelstand mit demselben Elan verkaufen. Mir ist das wurscht. Es ist also ganz einfach..."
Seinem Kollegen war diese Kaltschnäuzigkeit sichtlich unangenehm. Er seufzte, biss sich in die Oberlippe, fiel dem anderen ins Wort. „Nein, ganz kann ich Ihnen nicht glauben. Sie sind doch sonst ein rücksichtsvoller Mensch, und

ich bin mir sicher, dass dieser soziale Touch auch Ihnen nicht unangenehm ist. Also mir taugt diese gewisse Fairness, die die Bank an den Tag legt."

„Es gibt natürlich trotzdem beinharte Vorgaben bei der Vergabe von Krediten." Des Workaholics Stimme riss mich aus meinen Gedanken. „Außer vielleicht bei ganz kleinen Krediten, so bis zu 10.000 Schilling. Da kann man manchmal auch Gnade vor Recht ergehen lassen. Aber dennoch, wenn man an der Kundenfront ist, ist die Entscheidung aus dem Bauch heraus wichtig. Die Entscheidung muss ja nicht gerade sozial sein – wir sind kein Wohlfahrtsinstitut – aber menschlich. Bei einer Kreditvergabe sind siebzig Prozent Zahlen, dreißig Prozent Gefühl im Spiel. So sehe ich das. Es war immer das größte Glück für mich, einen Kunden zufriedenzustellen. Das war dieses, …, eh, … dieses ganz besondere Gefühl. Glück eben."

Er hatte Tränen in den Augen.

„Ich war früher am Schalter tätig, und ich muss Ihnen eines sagen – der Schalter ist das Herz der Bank. Easybank, Telebanking, Treasury, der große internationale Wertpapierhandel, Beteiligungen und all diese wichtigen Dinge werden nie den menschlichen Kontakt ersetzen. Das Massengeschäft hat die BAWAG groß gemacht. Und so sollte es auch bleiben. Von dieser Umorientierung Richtung Großkunden und internationales Geschäft halte ich eigentlich nicht viel. Jeder soll das tun, was seinem Image am besten entspricht. Übernehmen soll man sich nicht. Es ist schon ein Jammer, diese gewisse Vernachlässigung des Privatgeschäfts, die jetzt zu bemerken ist. Dabei ist im Privatgeschäft zwar das Risiko größer, aber auch der Ertrag.

Und mit dem Kunden war es immer ein schönes Arbeiten. Was ist schon ein Bildschirm oder ein Knopfdruck gegen ein freundliches ‚Grüß Gott', gegen eine beiläufige Frage: „Und wie geht's der werten Gattin? Und die Tochter? Hat

sie die Matura diesmal bestanden? … Ach? Na ja, das nächste Mal klappt's sicher.' Der Kunde fühlt sich wie zuhause, eigentlich wie in einer großen Familie. Er kommt mit seinen Problemen zu uns. Man weiß, was er braucht, wo man nachgiebig sein kann und wo man ihn hart anpacken muss. Es waren ja nicht nur die guten Konditionen, die das Geheimnis unseres Erfolgs waren, sondern die Kontaktfreudigkeit, das höfliche Auftreten, der überdurchschnittlich gute Service. Wie hätten wir denn sonst so expandieren können? Andere Banken treten ihren Kunden gegenüber viel selbstherrlicher auf.
Aber auch die Menschen haben sich in den letzten Jahren geändert. Früher haben sie zum Beispiel immer gegrüßt, heute viel seltener. Grüßen ist aber das Entrée – Voraussetzung für ein Gespräch. Überhaupt habe ich festgestellt – die schwierigsten Leute sind später die dankbarsten. Das Spannende ist ja, die Leute zu lenken, einfühlsam, mit einem sozialen Gewissen, aber letztlich immer zum Nutzen der Bank."
Er zündete sich eine Zigarette an. Sie schmeckte im wahrsten Sinne des Wortes himmlisch. Das wusste ich. Nirgendwo kann man das Rauchen besser genießen als im Jenseits. Man braucht sich weder vor Lungenkrebs noch vor Herzinfarkt oder Raucherbein zu fürchten.
„Ach ja, früher." Der Workaholic seufzte. „Es war halt eine menschlichere Zeit."
„Der modernen Wirtschaft stehe ich ja äußerst skeptisch gegenüber", sagte er. „Die Herausforderungen sind heute größer, brutaler würde ich sogar sagen, weniger Leute müssen mehr produzieren. Das ist allgemein so, aber von einem Bankmenschen, der an der Kundenfront arbeitet, erwartet man ja, dass er immer informiert ist, und das wird von Jahr zu Jahr schwerer. Wir bräuchten, wie schon gesagt, mehr Mitarbeiter. Wer aber mit Menschen umgehen kann – das

ist ganz klar – der kann das in jedem Fall, ob unter Druck oder nicht.“

Endlich merkte ich, wie er sich zu entspannen begann, wie sich seine Glieder entkrampften, wie er sich ausstreckte auf den himmlischen Daunen.

„Eine Zeitlang war ich auch im Außendienst“, erzählte er. „Die BAWAG hatte ja früher viel weniger Zweigstellen. Deshalb kam, in jenen Regionen, wo es wenige Zweigstellen gab oder der Kunde aus irgend einem Grund nicht in der Lage war, zu uns zu kommen, traditionell der Mitarbeiter zum Kunden. Dieses Servicing ist richtig und modern. Die anderen machen's uns ja nach. Auch in anderen Branchen werden immer mehr Außendienstmitarbeiter gesucht. Damals habe ich Sparvereine betreut, aber auch einfache Arbeitnehmer, die mir von diversen Betriebsräten zugeführt worden sind. In solchen Fällen ist es schon ein Vorteil, bei einer sozialdemokratischen Bank zu sein. Besonders im November, Dezember, wenn die Sparvereinsauszahlungen erfolgen, war der Stress extrem. Aber irgendwie mag ich ihn ja, diesen Stress. Ich habe überhaupt viel gemacht. Da könnte ich Ihnen Geschichten erzählen. G'schichterln natürlich auch. Wenn ich schöne Träume habe oder auch Alpträume, träume ich immer von den BAWAG, nie von meiner Familie. So ist es eben.“

Schweigen.

„Erzählen Sie mir doch eine von diesen G'schichterln“, bat ich ihn.

„Wissen Sie früher“, sagte er und lächelte, „da haben die wichtigen Kunden noch Wert auf persönlichen Kontakt gelegt. Da war ich noch ‚der liebe Herr von der Bank‘, und man hat mich sogar regelmäßig zum Sonntagsessen eingeladen. Wer tut das heute noch! Ich habe damals noch draußen in den Bundesländern gearbeitet und bin mit dem Auto von Dorf zu Dorf, von Kunden zu Kunden gefahren. Überall musste ich ein Schnapserl trinken. Das konnte ich einfach nicht ablehnen. Am Abend hab ich dann kaum mehr die Straße gefunden. Aber mein Schutzengerl hat schon aufgepasst, dass mir nichts passiert ist." Er lachte. „Es lässt sich ja ganz grundsätzlich sagen, dass man früher eher entweder Freund oder Autoritätsperson war. Da ist noch der kleine Gewerbetreibende oder auch der Arbeiter im blauen Overall zu uns gekommen und war überglücklich, wenn ihm ein kleiner Kredit gewährt wurde. Über Konditionen hat er gar nicht diskutiert. Er hat demütig entgegengenommen, was man ihm angeboten hat. Heute ist der Kunde wesentlich mündiger, kommt schon mit fünf Vorschlägen von anderen Banken zu uns und fragt, was bei uns besser ist als bei der Konkurrenz. Der Bankangestellte hat sich dadurch zunehmend vom Beamten zum Verkäufer entwickelt. Vor zwanzig Jahren treffe ich einen Arbeiter im Zug, der in die nächste größere Stadt unterwegs ist, um in der BAWAG-Filiale um einen Kredit von 30.000 Schilling anzusuchen. Ein Betriebsrat hatte ihm das vermittelt, und der Arbeiter wäre gar nicht auf die Idee gekommen, zu einer anderen Bank zu gehen."

Wieder schwieg er für einige Augenblicke.

„Ja", murmelte er. „Das alles habe ich beobachten können, in den vielen Jahren."

Sein Gesicht verkrampfte sich wieder. Er schaute mich forschend an. Aber ich war ein etablierter Toter. Aus meiner routiniert zur Schau gestellten Körperlosigkeit konnte er nicht viel herauslesen.

„Und jetzt?" fragte er. „Was soll ich denn jetzt tun da oben? Was bleibt mir denn noch?"

Doch ich konnte ihm keine Antwort geben.

„Wir sind natürlich alle Schreibtischtäter."
Ein Mitarbeiter der BAWAG

Viertes Kapitel: Der Big Boss

Er war leitender Angestellter, hatte die Politik des Unternehmens mitgeprägt. Ganz weit oben war er gewesen. Deshalb möchte ich ihn „Big Boss" nennen, zumal er tatsächlich ausstrahlte, was man gemeinhin mit diesem Begriff verbindet. Denn auch äußerlich wirkte er kraftvoll, zupackend. Ein Mann in der Blüte seiner Jahre mit dem Gesicht eines Condottiere und den Händen eines Ringers. Ein Mann, der vollendete Taten schaffte und das Unvermeidbare hinnahm – mit dem Gleichmut und der leichten Einfältigkeit des Willens- und Machtmenschen.

„Ich bin tot?" fragte er. „Und Sie sind tatsächlich Jacques Freundlich? … Hm."

Er kratzte sich das Kinn.

„Na gut, sei's drum. Was sind jetzt überhaupt meine Aufgaben und Kompetenzen als Toter?"

Es bereitete mir einige Mühe, dem Big Boss seine Situation zu erklären und mein Projekt zu erläutern.

„Was? Sie fragen unsere Mitarbeiter aus?" schrie der Big Boss. „Sie wissen doch, dass alles, was man Ihnen erzählt, dem Bankgeheimnis unterliegt."

Ich begann zu lachen. „Hier oben gibt es weder Banken noch Geheimnisse", sagte ich.

Schließlich ging der Big Boss auf meine Fragen ein.

„Ich bin ein Mensch, der immer, ohne Ausnahme, nach objektiven Kriterien entscheidet, auf der Grundlage von Zahlen, wenn möglich… Na ja, zumindest ist das mein Ziel. Ich selbst definiere mich als humanistischen Techniker. Während andere parallel zu ihrem Studium an der TU Gele-

genheitsjobs angenommen haben, habe ich in meiner Freizeit selbstgestellte mathematische Aufgaben gelöst und als Nebenjob technische Projekte durchgeführt. Mit belanglosem Schnickschnack hab ich mich nie abgegeben. Es geht mir darum zu entscheiden, wie eine Idee Realität wird. Das ist das Um und Auf. Man kann eine Lösung systematisch oder unsystematisch betreiben. Ich mache das systematisch."
Ich fragte ihn, was er dazu sage, dass einige seiner Kollegen aus der BAWAG ‚aus dem Bauch heraus' Entscheidungen treffen. Ich erwähnte das magische Verhältnis, nach dem zu etwa siebzig Prozent formale Kriterien ausschlaggebend seien und zu dreißig Prozent nach dem Gefühl entschieden werde. Siebzig zu dreißig, manchmal auch achtzig zu zwanzig – dieses Verhältnis wurde mir bei mehreren Gesprächen genannt.
„Wer hat Ihnen das gesagt?" schrie er. „Der gehört sofort entlassen! Das ist grob fahrlässig! Gefühle haben bei uns nichts verloren! Der Bauch ist kein Entscheidungsträger, er hat andere Aufgaben."
„Entschuldigen Sie", sagte ich. „Aber ich glaube, dass Entlassungen hier oben keine Relevanz mehr haben." Er nickte, stand auf, ging im Büro auf und ab. Geballte Kraft.
„Wissen Sie, wir Banker haben den zweitältesten Beruf der Welt." Zum ersten Mal sah ich ihn lächeln. „Wie beim ältesten Beruf der Welt bleibt das Prinzip immer dasselbe, was sich ändert, das sind die einzelnen Handlungsabläufe, die Details, die jeweiligen Vorlieben und Bedürfnisse."
Er setzte sich an seinen Schreibtisch, lehnte sich zurück in seinen großen, mit schwarzem Schweinsleder überzogenen Sessel, verschränkte die Arme hinter dem Kopf, wippte im Takt der eigenen Worte leicht vor und zurück.
„Es gibt zwei Sorten von Menschen", erklärte er. „Die Getriebenen – das ist die Mehrheit, und die Treibenden. Ich bin eher ein Treibender... Ich habe als erster in der

Bank versucht, moderne und zukunftsträchtige technische Lösungen umzusetzen. Denn was ist die eigentliche Herausforderung der neuen Zeit? Ist es der Beitritt zur EU? Ja. Ist es die Einführung des Euro? Ja. Ist es die Globalisierung und Internationalisierung? Ja. Natürlich. Aber was steht über allem? … Die effiziente und schnelle Vermittlung von Information! Information, das ist der Schlüssel zum Erfolg. Was ist *Ihrer* Ansicht nach Information? Was meinen Sie?"

„Das Vermitteln und Verarbeiten von Wissen."

„Auch. Aber die viel prägnantere Definition ist meiner Ansicht nach: Information ist zweckorientiertes Wissen. Information ist Unbestimmtheitsreduktion. Deshalb finde ich die Entwicklung vom Rechenschieber zum Großrechner, die ich im Laufe meines Lebens mitverfolgt habe, toll. Ich glaube, dass die Zukunft darin liegt, den Informationsfluss nie abreißen zu lassen. Telebanking, Onlinebanking und ein internationaler Kundenstock zwischen Melbourne, Kapstadt und Vancouver."

Liebevoll, beinahe zärtlich schaute er seinen Computer an. Fast hatte es den Anschein, als würde er ihn demnächst streicheln.

Ob für ihn als talentierten und erfolgreichen Technokraten die soziale Komponente, die für so viele andere Mitarbeiter der Bank wichtig ist, trotzdem eine Bedeutung hat?

„Die soziale Komponente ist eine ganz wesentliche", antwortete er knapp. „Ich bin überzeugter Sozialdemokrat. Andere Unternehmen denken und handeln egozentrisch, beziehungsweise profitorientiert, wir hingegen kundenorientiert. Wir waren der Welt halt immer schon in manchen Dingen voraus…"

Einige Augenblicke herrschte Schweigen.

„Wie stehen Sie zur Globalisierung?" fragte ich. Schon oft hatte ich dieses moderne Schlagwort vernommen und war gespannt, was ein führender Mann aus der Wirtschaft dazu zu sagen hatte.

„Die Globalisierung ist eine Chance“, antwortete dieser. „Es geht darum, Arbeit zwischen den entwickelteren und weniger entwickelten Ländern zu teilen – zum Nutzen beider. Wir haben, um es überspitzt zu formulieren, schließlich andere Aufgaben, als um 15 Schilling pro Tag Ruderleiberln zu nähen.“

Ich wollte wissen, wie der Big Boss sich selbst definiert, wie er seine Position als Banker in der Welt sieht. Schließlich deckt sich das Selbstbild des Bankers nicht mit dem Klischee des beinharten Verhandlers und mitleidlosen Exekutierers, das viele Außenstehende von Bankmenschen gemeinhin haben (zu meiner Zeit war es übrigens nicht wesentlich anders). Vielleicht war es etwas naiv von mir, von ihm eine differenzierte Selbstreflexion zu erwarten, die ins Philosophische geht.

Vielleicht war ich zu sehr von mir selbst oder meinen Freunden wie dem von mir so geschätzten Karl Renner ausgegangen. Als wissenschaftlicher Marxist war ich es gewohnt, alles als Teil eines Ganzen und das Ganze immer als Summe seiner Teile zu sehen.

Aber der Big Boss dachte nicht lange nach.

„Man muss den Menschen gegenüber immer ehrlich sein. That’s it“, meinte er.

„Dem geschickten Kunden ist auch die beste Bank hoffnungslos ausgeliefert."
Österreichisches Bankersprichwort

Fünftes Kapitel: Der Stellvertreter

Zum Abschluss sei mir noch ein kleiner Exkurs über den Typus des Stellvertreters erlaubt. Dieser Typus ist mir noch aus meiner Zeit als Präsident der Arbeiterbank bekannt. Als ich bei meinen Gesprächen mit den BAWAG-Mitarbeitern der Jahrtausendwende wieder auf diesen altbekannten Typus – der natürlich nicht nur in der BAWAG, sondern auch in jedem anderen Großunternehmen zu finden ist – traf, war ich wieder einmal darin bestätigt, dass sich gewisse Verhaltensweisen über die Jahrzehnte fast unverändert halten können. Für einen Toten gibt es keine angenehmere Erkenntnis. Letztlich relativiert sie den eigenen Tod.

Der Stellvertreter des Chefs ist vielleicht der österreichischste Mensch überhaupt. In seinen Worten und Taten spiegelt sich eine Mentalität, die Österreich groß gemacht und doch klein gelassen hat, oder, anders formuliert, jenes Maß an Unverschämtheit bei gleichzeitiger Bescheidenheit oder umgekehrt, die beim außenstehenden Betrachter gleichermaßen Erstaunen, Bewunderung und leichten Schüttelfrost auslösen. Der Stellvertreter würde nie von seinem Chef behaupten, dass dieser dumm, inkompetent oder ein Schwein ist. In den meisten Fällen glaubt er das auch nicht. Der Chef steht für Kompetenz, das betont sein Stellvertreter mit sonorer Stimme, die jeden Zweifel ausschließt, doch ist es eine Kompetenz, die für die jeweilige Aufgabe der Abteilung nur bedingt oder am Rande wichtig ist. Auch das gibt der Stellvertreter zu verstehen. Der Chef hat die eine oder andere Schwäche, meist eine sympathische, eine verzeihbare, eine verständliche. En passant flicht das der Stellvertreter ein, wenn er vom Chef spricht: Früher sei der Chef einsame Klasse gewesen, aber auch er werde älter. In der neuen Zeit brauche man vielleicht andere Eigenschaften als jene sehr lobenswerten, die der Chef besitzt.

„Rein inhaltlich habe ich dieselben Aufgaben wie der Chef", erklärt der Stellvertreter. „In erster Linie kommen die Leute zu mir, denn der Chef hat viel zu wenig Zeit."

Der Chef sitzt in Vorständen oder Aufsichtsräten, ist auf Sitzungen oder zu einem besonders wichtigen Kunden unterwegs. Deshalb erledigt der Stellvertreter das Tagesgeschäft, und er erledigt es besser, schneller und mit größerem Elan als der Chef. Glaubt er jedenfalls. Es ist ja auch viel angenehmer, mit einem Anliegen zum Stellvertreter und nicht direkt zum Chef zu gehen. Der Stellvertreter hat die Entscheidungsbefugnis, aber er ist doch irgendwie dem, der zu ihm kommt, viel näher. Es ist die Nähe und Solidarität jener, die hinaufschauen müssen, weil es immer einen gibt, der über beiden steht. Wenn der Stellvertreter entscheidet, hat es nicht diesen endgültigen Gesetzescharakter wie beim Chef, auch wenn es genauso endgültig ist.

Der Stellvertreter würde all dies nie offen formulieren, aber er lässt keinen Zweifel daran, dass es so ist. Wenn er vom Chef spricht, lächelt er, ganz milde, fast mitleidig. Eigentlich mag er ihn auf die eine oder andere Weise (manchmal mag er ihn auch wirklich!), diesen Chef, der da über ihm sitz, in *seiner*, nämlich des Stellvertreters, Abteilung.

Wenn man den Stellvertreter auf etwas anspricht, was der Chef behauptet, wird er nie sagen, der Chef habe unrecht. Er wird lächeln. Er wird nicken. Er wird seine Version sehr kunstvoll mit jener des Chefs in Einklang bringen wollen und wird dabei immer scheitern.

Der Stellvertreter möchte den Chef beerben, das ist klar, und er möchte es doch wieder nicht. Als Stellvertreter lebt es sich leichter, als Stellvertreter hat man vielfach mehr Spielraum, aber Ehrgeiz, Eitelkeit, manchmal auch Geldgier (der Chef verdienst oft erheblich mehr als der Stellvertreter) und die Angst, länger Stellvertreter zu bleiben als manche Gleichaltrige oder vielleicht als der Chef selber einmal Stellvertreter war, lassen ihm keine Ruhe. Diese Ambivalenz setzt der Stellvertreter, wenn er ein fähiger Mitarbeiter ist, in Kreativität um. Die meisten Stellvertreter sind fähige Mitarbeiter.

Der Chef weiß über seinen Stellvertreter nur Gutes zu berichten. Er kennt und versteht ihn – oft besser, als es dem Stellvertreter lieb ist –, schließlich war er, der Chef, selbst einmal Stellvertreter.

Und er braucht seinen Stellvertreter. Er ist für ihn eine notwendige Entlastung und eine Hilfe. Ohne ihn kommt er nicht aus. Deshalb lässt er manchmal die Leine los, lässt den Stellvertreter „wadlbeißen" und sich austoben, um ihn dann im richtigen Augenblick zurückzupfeifen. Diesen Augenblick muss er erkennen können, wenn er ein wirklicher Chef ist.

Der Stellvertreter ist aber auch der Treibstoff für den Chef. Er treibt ihn an. Denn der Chef muss mit dem Stellvertreter mithalten. Er wird nie verschnaufen oder sich auf seinen Lorbeeren ausruhen können. Der Stellvertreter sitzt ihm im Nacken. Er weiß das. Und dem Stellvertreter sitzt der Chef im Nacken. Auch er weiß das. Und beide wissen, dass es der andere weiß. Es ist eine symbiotische Beziehung. Zusammen sind sie ein unschlagbares Team.

„Die meisten Dinge lösen sich durch die Zeit“
Ein Mitarbeiter der BAWAG

Epilog
oder wie ich den Engel Administrator zuwiderhandelte, meine Verstoßung in den zweiten Kreis des Fegefeuers riskierte und dennoch glücklich wurde

Ich hatte mit insgesamt fünfundzwanzig BAWAG-Mitarbeitern gesprochen – also mit der gesamten Delegation, die im Flugzeug gesessen und abgestürzt war. Allzu gerne hätte ich dem Ganzen einen schönen und tiefsinnigen Absatz beigefügt, um die Aussage meiner Arbeit auf den Punkt zu bringen, und ich hatte nicht nur einen, sondern einige parat gehabt, doch erschien mir dies schließlich als eine den Leser vielleicht entmündigende, wenn nicht gar brüskierende Vorgehensweise, denn „die Moral von der Geschicht’ findet jeder nach seiner Facon und im Rahmen seiner geistigen Fähigkeiten und seines sittlichen Empfindens, ganz egal, ob man ihm die Quintessenz des Ganzen weichkocht und in den Rachen schiebt oder ob man es ihm roh zwischen die Zähne klemmt“, wie mein Freund Karl Renner einmal gesagt hat.
In diesem Sinne möchte ich mich also eines weiteren Kommentars enthalten.
Nach den vielen Gesprächen, die ich geführt hatte, waren mir die Mitarbeiter der BAWAG sehr ans Herz gewachsen. Ich bereute sogar ein wenig, dass ich nicht mehr über ihr Privatleben erfahren konnte – doch war ja dies nicht meine Aufgabe gewesen, und außerdem war meine Hoffnung groß, dass der eine oder andere von ihnen vielleicht bald zu meinen Freunden im ersten Kreis des Fegefeuers gehören könnte. Letztlich war ich mit meiner Leistung – der ersten Arbeit, die ich nach beinahe einem halben Jahrhundert zu erledigen hatte – zufrieden. Mit dem fertigen Manuskript

suchte ich den Engel Administrator auf, dessen unleibliche Präsenz plötzlich auf eine Art und Weise immanent spürbar wurde, dass ich zu zweifeln begann, ob der von mir gewählte Zeitpunkt für die Abgabe der Arbeit richtig gewählt worden war.
Da sprach der Engel Administrator zu mir, und das erwähnte ungute Gefühl verstärkte sich fast bis zur Panik – wenn man einmal davon absieht, dass Tote nicht in Panik geraten können, weil ihnen Angst fremd ist. Es war die Stimme, die ganze Art des Engels, die mich mehr als verwirrten. Er war höflich. Das erste Mal, seit ich ihn kannte.
„Es ist schön, Ihre Präsenz zu spüren, Jacques", sagte er. „Ich hoffe, Sie fühlen sich wohl."
Ich war so erstaunt, dass ich keine Antwort zu geben vermochte.
„Ich weiß, weswegen Sie gekommen sind", erklärte er. „Ich danke Ihnen für die Mühe, die Sie sich mit der Ihnen übertragenen Aufgabe gemacht haben, aber..." Er stockte. „... aber wir werden Ihre Arbeit leider der Vergessenheit und der Vernichtung anheim fallen lassen müssen."
„Warum?" flüsterte ich.
„Es ist etwas Unvorhergesehenes geschehen, etwas, das sogar ich nicht beeinflussen konnte und dessen Sinn sich auch mir entzieht. Entscheidung von ganz oben."
„Was?"
„Es wird doch noch Überlebende der Flugzeugkatastrophe geben." Seine Stimme klang wie die eines Schülers, der beim Schummeln ertappt worden war. „Einige von den Flugzeuginsassen, die bis jetzt im Koma gelegen sind und deren Tod sozusagen schon beschlossene Sache gewesen war, werden nun wieder für einige Zeit ins Leben zurückgeschickt. Ich weiß gar nicht, ob es sich um Protektion oder reine Willkür handelt. Aber das spielt keine Rolle. Jedenfalls sind ein paar BAWAG-Mitarbeiter ebenfalls darunter. Selbstverständlich

werden sie alles, was sie in der Zwischenwelt – zwischen Himmel und Erde – wahrgenommen haben, wieder vergessen. Und genauso selbstverständlich ist es, dass ich Ihre Arbeit nicht in meine Große Bibliothek aufnehmen kann. Ein Toter kann doch keinen Lebenden interviewen. Das geht nicht. Das ist gegen jede Regel, ja gegen die höchsten himmlischen Gesetze."

„Aber..."

„Nichts aber! Es ist beschlossene Sache."

Der geneigte Leser wird sich vorstellen können, in welchen Gemütszustand mich dieses Gespräch versetzte. Ein wenig erinnerte es mich sogar an die heute schon so fern erscheinenden Momente kurz vor dem Ableben. Die ganze Arbeit umsonst? Und das nach einem halben Jahrhundert Nichtstun, nachdem ich endlich die Gelegenheit hatte, wieder etwas Selbständiges zu schaffen. Obwohl es mich natürlich für jene BAWAG-Mitarbeiter freute, die wieder auf die Erde zurückkehren durften. Der Engel hatte verschwiegen, um wen es sich handelte.

Zuerst war ich niedergeschlagen, doch bald hatte ich eine Idee, die ich, auch auf die Gefahr hin, überheblich zu klingen, als brillant bezeichnen würde.

Im Jenseits gibt es kein Papier zum Schreiben. Das wäre sinnlos, weil wir alle – mit Ausnahme eben jener, die noch zwischen Himmel und Erde schweben – körperlos sind. Mein Manuskript war also reine Idee, nur himmlische Wellen. Es lag an mir, sie im Nichts zu zerstreuen (das verlangte der Engel Administrator) oder sie in einen anderen Zustand zu überführen. Himmlische Wellen lassen sich nicht zu Papier bringen, aber es gelang mir, sie in elektrische Impulse zu verwandeln. Den derart umgewandelten Text stellte ich ins Internet – in jenes äußerst faszinierende neumodische Medium, das ich im Zuge meiner jüngsten Recherchen kennengelernt hatte –, so dass zumindest ein paar lebende meinen Bericht lesen und daraus ihre Schlüsse ziehen können. Nur die Namen meiner Interviewpartner hatte ich zuvor aus dem Bericht gestrichen, um niemanden zu kompromittieren. Und es ist möglich, ja sogar wahrscheinlich, dass mich der Engel Administrator nun hinunterschickt in den zweiten Kreis des Fegefeuers, dort wo sogar die Fellüberzogenen, die Gehörnten, deren Namen ich auf keinen Fall aussprechen darf, manchmal auftauchen, oder gar in den tieferen, ungleich furchtbareren dritten Kreis. Aber das ist mir egal, denn ich bin glücklich und spüre nach so viel Zeit ein herzliches, vielleicht auch ein wenig böses Lachen auf meinem toten Gesicht.

„Der Erfolg gibt uns recht.“
Ein Mitarbeiter der BAWAG

Biografien

Gundi Feyrer

Geboren 1956 in Heilbronn/Neckar, studierte an der Akademie der bildenden Künste in München und Hamburg. Aufenthalte in Madrid, Paris. Lebt seit 1998 in Wien. Sie schuf Video-Experimental- und Zeichentrickfilme, ist Buchillustratorin, stellte ihre Objekte u.a. in Berlin, Hamburg, Stuttgart und Graz aus und verfasste zahlreiche Bücher - so „Geheimnisse verändern sich", Hamburg 1989 (Kellner), „Die Watte der Gedanken", Berlin 1989 (Wiens), „Das in den Längen weilen", Berlin 1990 (Wiens), „Auswendige Tage – Grazer Tagebuch", Graz 1997 (Droschl), „Der Himmel ist eine Flasche", Klagenfurt 1994 (Ritter), „Das Schlagen der Augen", Graz 1994 (Droschl), „Die Besteigung der Bilder und andere Essays", Berlin 1998 (Wiens), „Die Fremde", Klagenfurt 2002 (Ritter). Preise (Auswahl): N.-C.-Kaser-Preis für Lyrik (1994), Stadtschreiberin Graz (1995). Stipendium beim Ingeborg-Bachmann-Preis Klagenfurt. Gesswein-Preis für Kurzhörspiele (1999), Staatsstipendium 2002/03.

Walter Kohl

Geboren 1953 in Linz, studierte Betriebswissenschaft, arbeitete in einer Autovermietung, dann als Journalist, u.a. als Korrespondent der Tageszeitung „Die Presse". Lebt seit 1996 als freier Schriftsteller in Puchenau (OÖ). Er schreibt Theaterstücke („Arbeit. Krokodilsbraut", „Sonst wird dich", „Dagi Delphin & Skater", „Die Pyramiden von Hartheim", „Ritzen"), Hörspiele („Saugruft"), Features und Romane. Zuletzt erschienen „Katzengras", Steyr 1993 (Ennsthaler), „Spuren in der Haut", Grünbach 1995 (Edition Geschichte der Heimat), „Ich fühle mich nicht schuldig – Georg Renno. Der Euthanasiearzt von Hartheim“, Wien 2000 (Zsolnay), „Senna lebt“, Linz 2004 (Resistenz), „Good Hope Der Verschwinder oder: Warum bringen sich Indianer um?“, Weitra 2004 (Bibliothek der Provinz). 1992 Zweiter Preis des Max-von-der-Grün-Förderungspreises für „Literatur zur Arbeitswelt“ der Kammer für Arbeiter und Angestellte für Oberösterreich und der Stadt Linz. 1994 Anerkennungspreis des Literaturwettbewerbs der Fa. Bene Büromöbel Wien für Kurzprosa, 1995 Erster Preis des Dramatikerwettbewerbs des Linzer Landestheaters zum 20jährigen Bestehen des Theaterkellers.

Irene Prugger

Geboren 1959 in Hall/Tirol, arbeitete nach der Matura in einem Innsbrucker Reiseunternehmen und in einem Hotelbetrieb und ist journalistisch tätig. Sie lebt in Mils/Tirol und schreibt Glossen und Features für den ORF sowie Hörspiele, Theaterstücke („Hopp und Tropp oder wie gewöhnt man sich ans Abschiednehmen“), Erzählungen und Romane, so „Wasser für Franek“, Innsbruck 1993 (Haymon), „Mitten im Weg“, Innsbruck 1997 (Haymon). Literaturstipendium des Landes Tirol, 2002 Kulturpreis der Stadt Innsbruck für literarisches Schaffen.

Andreas Renoldner

Geboren 1957 in Linz, absolvierte eine Gastgewerbeschule, arbeitete als Koch, war Pächter einer Betriebskantine und lebt als freier Schriftsteller in Garsten/Steyr. Er schreibt Romane und Hörspiele. Auswahl: „Karl Ömperdinger. Eine Rekonstruktion“, Weitra 1991 (Verlag der Provinz), „Die dunklen Mächte“, Graz 1995 (Styria), „Als käme der Winter“, Graz 1997 (Styria), „Als ich von der Hetzau in die Schindlau ging“, Wien 2000 (Edition Atelier) „Eisheilige“, Wien 2002 (Edition Atelier), „Wartinger sucht das Paradies“, Grünbach 2003 (Edition Geschichte der Heimat). Theodor-Körner-Preis (1989). 3. Preis „Literatur der Arbeitswelt“ der AK OÖ (1989 und1993). Linzer Geschichtenschreiber (1993/94). 1. Preis Drehbuchwettbewerb des Landes OÖ (1995). Luitpold-Stern-Preis (1995). 2. Preis beim Gesswein-Preis für Kurzhörspiel (1999).

Vladimir Vertlib

Geboren 1966 in Leningrad/UdSSR, emigrierte mit seinen Eltern 1971 nach Israel, von wo die Familie 1972 nach Österreich auswanderte. Er studierte Volkswirtschaftslehre, war freier Mitarbeiter der japanischen Presseagentur Kyodo New Service, danach Statistiker bei der Österreichischen Kontrollbank, seit 1993 lebt er als freier Schriftsteller, Sozialwissenschaftler und Übersetzer in Salzburg und Wien. Erste Veröffentlichung: „Das Bett“, eine Erzählung, in der Wiener Zeitschrift „Mit der Ziehharmonika“ 1993. Bücher: „Abschiebung“, Salzburg 1995 (Otto Müller), „Zwischenstationen“, Wien 1999 (Deuticke), München 2005 (dtv), „Das besondere Gedächtnis der Rosa Masur“, Wien 2001 (Deuticke), München 2003 (dtv), „Letzter Wunsch“, Wien 2003 (Deuticke). Förderungspreis der BKA 1999, Anton-Wildgans-Preis 2001.